지금까지 깊이 있게 교제하고 진지한 동역의 경험을 나눠본 사람들 중
김현회 목사만큼 복음의 본질을 선명히 파악하고 명쾌하게 설명하는 일
꾼이 또 있었을까 싶다. 그래서 그가 반드시 건강을 회복해서 양질의 책
들을 써주고 더 많은 이들에게 그 탁월한 깨달음을 강론해주기 바라며
기도해왔다. 목회현장에서 진리로 성도들을 일깨우려는 그의 간절함과
더불어 타협 없는 올곧음, 오직 하나님의 영광을 저어하는 그의 충정이
물씬 배인 이 글들을 모든 이들에게 강력히 추천한다.

정민영 선교사(위클리프 선교회 은퇴선교사)

김현회 목사님이 쓰신 짧지만 깊이 있는 칼럼들이 책으로 엮어졌다. 이
책에는 하나님을 향한 그의 신앙고백, 예수 그리스도께서 피 값으로 사
신 교회를 향한 그의 사랑, 그리고 '다른 복음, 반쪽 복음, '반(anti) 복음'
을 거부하고 진리이신 예수 그리스도에 대한 그의 헌신이 담겨 있다. 하
나님의 말씀을 사랑하고 하나님 앞에서 신실한 성도가 되길 원하는 모든
성도들에게 김현회 목사님의 '성도다운, 교회다운' 책을 적극 추천한다.

노창수 목사(남가주 사랑의 교회)

김현회 목사님은 깊이 있는 신학적 내용을 성도들의 눈높이로 풀어주는
탁월한 재능을 가지고 계신다. 이 책은 신앙생활에서 맞닥뜨리는 기본
주제와 의문들을 양들을 위한 '목자'의 심정으로 차근차근 풀이하고 있
다. '종교생활'이 아닌 참된 '신앙생활'을 구하는 모든 분들에게 이 책은
꼭 필요한 길잡이가 되리라 믿는다.

강동인 박사(북미주 코스타 간사)

투 썸즈 업! 저는 오래 전 김현회 목사를 한 스터디그룹에서 처음 뵈었다. 그때 나는 어떤 주제에도 막힘이 없고, 신학적 박식함과 더불어 교회와 세상을 보는 그분의 균형감각에 감탄하였다. 이 탁월한 책을 읽으며 다시금 그때의 회상과 감동이 물밀 듯이 밀려옴을 느낀다. 이 책의 일독을 적극 권장한다.

민경엽 목사(나침반 교회)

드디어 김현회 목사의 글이 책으로 출간되어 기쁨을 감출 수가 없다. 그의 신학은 예수님과 사도들로부터 오늘날까지 이어지는 정통 기독교 신앙의 선상에 올곧게 서 있다. 성경에 뿌리를 둔 신앙의 지혜를 원하는 모든 이에게 이 책을 강추한다.

박경범 교수(Taylor 대학교 성경학교수)

이 책은 저자가 목회했던 질그릇교회에서 썼던 칼럼들이다. 설교는 아니지만 깊이 있는 성찰로 교우들의 믿음에 대해 건네려 했던 마음을 모았다. 이 칼럼들을 하나하나 다시 읽어가면서 글쓴이의 마음을 통해 독자들의 마음도 하나님에게로 모아지기를 소망한다.

김재영 교수(ITS 신학교)

책을 내는 것이 쉬운 세상이 되었다. 그러나 좋은 책을 쓰는 일은 성실과 정직이 없이는 할 수 없다. 좋은 소재라도 한두 번 쓰다가 마는 글은 힘이 없고, 화려한 문체라도 정직하지 않으면 감동이 없기 때문이다. 그래서 나는 10년 동안 매주 성도들을 향해 쓰신 성실과 정직이 담긴 글들을 추려서 내신 김현회 목사님의 「성도다운, 교회다운」을 기쁜 마음으로 추천할 수 있어 감사하다.

이정엽 목사(LA 온누리교회, 전 두란노서원 「생명의삶」 편집장)

우선은 김현회 목사님께서 진실하게 목회의 경험과 고민을 글로 엮어주셔서 감사하다. 요즘 시대에 목회 현장에서의 고민은 결국 본질의 추구이겠다 싶어 더욱 감사했다. 어찌 보면 일반적일 수 있는 주제들이지만 이민 목회자의 쉽지 않은 삶의 현장에서 마음으로 쓰신 글이기에 고개를 끄덕이며 읽었다. 글에서 느껴지는 저자의 따뜻한 마음이 모든 독자들에게 전달 될 수 있었으면 좋겠다.

노진준 목사(LA 한길교회)

글은 글 재주의 결과가 아니라 말씀에 대한 깊은 묵상과 삶에 대한 세심한 배려가 땀방울처럼 맺혀 달린 열매이다. 글은 책상 머리에 앉아 펜대 돌려가며 짜낸 제품이 아니라 작은 물근원에서 시작하여 굽이 굽이 흘러 바다로 가는 강과 같다. 김현회 목사님의 글과 언어에는 삶이 땀처럼, 강처럼 배어 있고 흐르고 있다. 그 땀방울을 따 먹고 그 흐르는 강을 마시는 독자들에게 십자가의 봉선화 꽃물이 손톱에 흔적처럼 진하게 그리고 오래도록 남는 감격이 있을 것이다.

송병주 목사(LA 선한청지기교회)

내가 아는 친구 김현회 목사는 해박하고 겸손하고 탁월하다. 무엇보다 진리에 대한 그의 헌신과 올곧음은 타의 모범이 된다. 특별히 성경과 신학에 있어 그의 깊이와 넓이, 표현에 있어 그의 간결함과 명료함은 놀라울 정도다. 평신도와 목회자 모두에게 본서는 소중한 양서가 되리라 확신한다.

김선웅 목사(겨자씨성경연구원 원장)

성도다운
교회다운

LIVING REAL CHRISTIANITY I
질그릇교회 김현회 목사의 나룻배 칼럼(상)

성도다운
교회다운

김현회

목차

2부 교회다움에 관하여

김현회 목사님, 그 이름을 들은 지는 오래 되었습니다. 그분이 쓴 글을 얻어 읽기도 하였고, 그분이 번역하신 책에서도 큰 유익을 얻었습니다. 직접 대면하기 전에도 과연 어떤 분일지 머리로 그려보곤 했습니다. 짧은 스포츠머리에 강단 있는 눈빛으로 다소 쇳소리 나는 목소리를 가진 분이 아닐까 싶었습니다. 그분의 글에는 힘이 있었고, 확신이 넘쳤고, 논리는 정연했기 때문입니다. 장문보다 단문으로 독자들을 글의 끝까지 긴장을 늦추지 않고 데려가는 힘이 있었기 때문입니다. 그는 뒤에서 '전진 앞으로'를 외치는 것이 아니라, 부대 맨 앞에서 '나를 따르라'고 소리치는 리더일 것이라고 짐작했습니다. 언젠가 뵐 날이 오리라고, 뵙고 싶다고 염원하고 있었습니다.

　그 작은 거인이 쓰러지셨다는 소식을 먼저 들었습니다. 가망이 없다는 비관적인 얘기도 들었습니다. 그런데 거동하시게 되었고, 어눌하지만 말도 할 수 있게 되었고, 교회에도 출석하고 있다는 소식을 들었습니다. 다행이다 싶었고 하실 일이 남아 있구나 싶었습니다. LA에 있는 김목사님이 출석하시는 교회에서

주일 설교를 한 후, 저는 교인들을 맞이하러 현관 출입구 앞에
서 있었습니다. 한 왜소한 분이 불편한 몸을 이끌고 다가와 손
을 내미시는 것을 보고 저는 "김현회 목사님!"임을 직감했습니
다. 목사님은 제 귀에 대고 느릿느릿 "제가 김현회입니다"라고
말씀하셨습니다. 작은 몸은 무너져 더 작아져 있었지만, 그 눈
빛만큼은 여전히 살아있었고 힘이 있었습니다.

　귀국하여 있는 저에게 목사님의 칼럼들을 묶어 책으로 펴낸
다는 소식이 전해졌고, 그 일에 제가 참여해주기를 바란다는 부
탁도 있었습니다. 다행히 안식월이라서 시간을 낼 수 있었지
만, 이 기간에 나의 책을 집필하려던 계획은 미뤄야 했습니다.
하지만 이 신앙의 선배의 충성스럽고 신실한 사역을 격려하고,
그 주옥같은 열매들을 세상에 내놓는 일이 어쩌면 주님 보시기
에는 이 시점에서는 더 중요하고 급한 것이라는 결론을 내리는
데는 그리 오래 걸리지 않았습니다.

　이 글을 먼저 읽은 것은 저에게는 큰 축복이요 특권이었습니
다. 그리 길지 않은 칼럼 안에 촘촘한 논리와 해박한 지식, 건전
한 신학과 교회와 성도를 향한 애정을 쿡쿡 눌러 담아 놓았습
니다. 성도들의 눈높이에 맞춰 쉽고 간결하게 기술하였고, 그
들이 삶에서 던질 수 있는 질문들을 염두에 두고 그것을 신학
적으로, 성경적으로 대답하여 주고 있었습니다. 매주 이런 글을
읽고 숙지한다면, 탄탄한 신학과 건전한 신앙과 튼실한 교회론
을 갖춘 주님의 제자들이 나오겠다는 생각이 들었습니다. 그 성

실함에 놀랐고 그 진지함에 감탄했습니다. 미리 기획을 한 글이 아닐 것입니다. 하지만 김현회 목사님 안에 자기도 모르게 정연한 체계가 있었다는 것을 이 글들이 스스로 증명해주고 있습니다. 다 읽고 나서야 비로소 왜 그토록 김현회 목사님에 대해서 많은 사람들이 깊은 감명과 도움을 받았다고 하는지 새삼 알 수 있었습니다. 이 책은 성도들을 양육하거나 혹은 신앙에 입문하는 이들에게 교회와 신앙과 신학에 대해 손쉽게 소개하는 데 요긴한 하나님의 도구가 되리라고 확신합니다. 이 책을 만드는 일에 깊이 참여한 한 사람으로서 나는 기쁘게 그리고 기꺼이 이 책이 조국교회 성도들에게 널리 소개되기를 기대하면서 김현회 목사님을 예비하고 사용하신 하나님께 영광을 돌립니다. 문자 그대로 깨어진 질그릇인 목사님을 통해 하나님께서 부디 깨어진 틈 사이로 보배이신 예수 그리스도의 영광의 빛이 새어나와 말할 수 있을 때보다 더 크게, 움직일 수 있을 때보다 더 힘있게, 글을 쓸 수 있을 때보다 더 곡진하게 하나님의 심정을 대변하는 종으로 쓰시길 기도합니다. 그를 그 어느 때보다 깨끗한 그릇으로 삼으신 뜻이 거기에 있을 거라고 믿어봅니다.

2018년 6월

책임편집 박대영 목사
(성서유니온 <묵상과 설교> 편집장)

추천사

제가 개인적으로 김현회 목사님을 뵌 것은 단 두 번에 불과합니다. 한 번은 2008년 8월이었고, 또 한 번은 2013년 5월이었습니다. 첫 번째 만남은 미국 남가주의 어느 카페에서 커피를 마시며 가볍게 환담을 나눈 게 전부였습니다. 당시 제가 김 목사님께 받았던 인상은 조용하고 차분한 인상 뒤에 번뜩이는 지성을 갖춘, 공부를 아주 좋아하시고 설교자로서 자부심이 남다른 목회자라는 것이었습니다. 그때 김 목사님이 한국어로 몇 권의 책을 번역하셨다는 것도 알게 되었습니다. 두 번째 만남은 제가 한국에서의 목회를 내려놓고 잠시 머리를 식힐 겸 미국에 갔을 때였습니다. 미국에 도착하자마자 우연찮게 김 목사님의 건강이 몹시 악화되었다는 것을 알게 되었습니다. 그래서 한 걸음에 목사님이 입원해 계시던 병원으로 달려갔던 기억이 생생합니다.

김 목사님은 중학교 3학년 때 참가한 교회 수련회에서 감기로 얻은 합병증이 도져 신장염을 얻게 되었는데, 이 병이 만성 신부전증으로 발전했습니다. 그 후 신장이 기능을 다해 1987-1991년까지 투석을 하다가 결국 1991년에 신장이식을 받았습니다. 이식 후 20년 이상을 별 탈 없이 건강하게 사역하시던 김 목사님은 2012년부터 갑자기 말이 어눌해지고 오른손의 감각이 무뎌지기 시작했습니다. 병원에서 뇌조직 검사를 해본 결과 P.M.L. 즉 신장 이식 후 오랫동안 복용한 면역억제제의 부작용으로 면역체계가 무너지면서 뇌에 J.C. 바이러스가 침투한 것입니다. P.L.M.은 현재진행형이어서 만일 자가면역이 안 생기면 1-2년 안에 사망할 수 있는 치명적 병입니다. 결국 김 목사님은 언어능력이 급격히 약화되고 오른손이 마비된 데다 2013년 9월부터는 다시 신장투석을 받아야 했습니다. 하지만 다행히도 2014년 4월부터 P.L.M. 의 J.C. 바이러스 전이가 멈춰 생명을 건지실 수 있었으며, 현재는 일주일에 3일은 신장투석을, 나머지 2일은 마비된 오른손과 발을 치료하는 일에 전념하고 있습니다.

저는 2013년 5월에 미국에 머물면서 김 목사님과 내외분과 가까운 교제를 나눌 기회를 얻었습니다. 전술한 바와 같이 당시는 김 목사님의 건강이 갈수록 악화되어 여러 면에서 고민이 깊을 때였습니다. 저희는 기회가 닿는대로 함께 기도하면서 주님의 은혜와 인도를 간절히 구했습니다. 한편 지금 생각해도 잊을 수 없는 고마움 중 하나는, 그때 김 목사님이 앞으로 과연 더 생존하면서 주님의 일을 계속 할 수 있을지를 놓고 고뇌하며 기도하는 와중에도, 목사님 내외분께서 제게 많은 사랑과 호의를 베풀어주셨다는 것입니다. 특별히 김한나 사모님의 따뜻한 미소와 애정 어린 마음 씀씀이가 바로 엊그제 일처럼 기억에 남습니다. 혹시 김 목사님이 기억을 하실지 모르겠지만, 그 당시 제가 목사님께 이런 질문을 던진 적이 있습니다. "목사님, 만일 하나님께서 목사님께 언어능력과 오른손을 자유롭게 쓸 수 있는 능력 가운데 하나를 선택하라고 하시면 무얼 고르시겠습니까?" 제가 그런 질문을 드린 이유는, 눈에 띄게 혀가 둔해지고 손이 부자유해지는 목사님을 곁에서 지켜보면서 혹여 하나님께서 건강을 돌려주신다면 설교자로서 강단에서 설교를 하고 싶으신지, 아니면 신학자이자 목회자로서 글을 쓰며 교회를 섬기길 원하시는지를 여쭙고자 함이었습니다. 그만큼 김 목사님은 설교와 문필 모두에 탁월한 은사가 있는 분이셨습니다. 제 질문에 김 목사님은 잠시 뜸을 들이다가 이렇게 답했습니다. "저는 말을 자유롭게 하는 것을 선택하겠습니다. 저는 목사로서 할 수만 있다면 설교를 계속 하고 싶습니다."

하지만 김 목사님의 소원과 달리 언어능력은 돌아오지 않았고, 결국 목사님은 교회를 사임하신 후 목회 일선에서 은퇴하셨습니다. 대신 그동안 썼던 글들을 모아 이번에 출판하게 되었습니다. 이 책의 출판을 책임진 광주소명교회 담임목사이자 <묵

상과 설교> 편집장이신 박대영 목사님으로부터 책의 추천사를 부탁받은 다음 김 목사님과의 인연을 되돌아보니 2008년에 처음 만나서, 2013년에 보다 깊이 교제를 나눴고, 2018년에 책의 추천사를 쓰게 되었으니 공교롭게도 5년 단위로 사건이 진행되었음이 조금은 신기하게 느껴집니다.

이 책은 비록 칼럼의 형태를 띠고 있긴 하지만, 그 구체적인 내용을 찬찬히 뜯어보면, 실은 기독교 신앙의 진수를 담고 있는 교리 묵상집의 성격을 지니고 있음을 어렵지 않게 간파할 수 있을 것입니다. 김현회 목사님은 이 책에서 "오늘 우리 시대의 교회와 그리스도인은 어떤 성격과 모습을 지녀야 하는가"를 집요하게 되묻고 있습니다. 우리 시대는 교회와 그리스도인이 마치 길바닥에 떨어진 소금처럼 사람들의 발에 무참히 짓밟히며 욕을 보는 시대입니다. 바꿔 말하면, 우리 시대는 그만큼 교회와 그리스도인의 참 본질과 정체성, 역할과 사명이 무엇인지에 대해 절절한 고민과 질문이 요청되는 시대입니다. 이 책은 바로 그런 고민과 질문에 대답하고 있습니다. 책의 1부에서는 '교회의 기초'를 다루며, 2부에서는 '교회다움'을 다룹니다. '교회의 기초'에서는 기독교인이 신앙하는 하나님이 누구신지, 그분이 우리에게 선물로 주신 복음이 무엇을 의미하는지, 그 복음의 결과로 탄생한 기독교와 그리스도인의 본질이 무엇인지를 다룹니다. '교회다움'에서는 교회의 영성 및 정체성을 집중적으로

논합니다. 따라서 이 책은 짧은 글로 이루어진 교회론이자 그리스도인의 제자도를 논구하는 책입니다. 가히 오랜 세월 동안 누구보다 열심히 신학을 공부하고 또 지역교회를 목양하면서 기독교 공동체의 본성과 목적에 대해 구도했던 저자의 평생의 묵상의 열매이자 신앙고백이 여기 담겨 있다 해도 과언이 아닐 것입니다.

오늘날은 전문적이고 장황한 언설로 이루어진 책을 감당하지 못하는 시대입니다. 절대 다수의 사람들이 짧고 가볍고 신변잡기식 글을 선호합니다. 이런 현상이 어찌 보면 시대적 트렌드이기도 하면서도, 또 다른 한편 정신의 위기 국면을 반영하는 것은 아닌가 하는 염려가 있습니다. 이 책은 글들이 길지 않지만 결코 가볍지도 않습니다. 글이 어렵지 않으면서도 곱씹어볼수록 깊은 맛이 우러나오는 명품 음식과 같습니다.

추천의 글을 마무리하면서 사도 바울을 생각해봅니다. 기독교 역사상 가장 위대한 신학자요 목회자며 선교사였던 바울은 자기 안에 '가시'를 달고 살았던 사람이었으며, 그리스도의 고난의 흔적을 자기 몸 안에 새겨 놓고 살았던 사람이었습니다. 자본주의 시대의 사생아인 번영신학의 기준으로 보자면 사도 바울은 복음의 혜택으로부터 소외된 자였으나, 성경적 복음의 시각에서 볼 때는 십자가의 본질에 가장 근접한 참 그리스도인이었습니다. 평생을 통증과 장애와 싸우면서도 하나님 나라와 복음의 영광에 대한 비전과 책무를 끝끝내 포기하지 않고 믿음의 선한 싸움을 싸워온 김현회 목사님도 자기 안에 그리스도의 남은 고난을 채운 신실한 주의 종임이 분명합니다. 바울이 비록 땅에서는 다른 사람을 시험에 빠뜨릴 만한 약한 요소를 육체에 갖고 있었지만, 저 영광스러운 미래에 자신의 몸이 성령의 새창조의 질서에 완전히 부합하는 신령하고 영광스러운 몸으로 변화될 것을 확신했듯이, 그 언젠가 김 목사님의 육체도 동일한 은총의 영역에 들어갈 것을 확신합니다. 그때까지 위로와 소망의 주님께서 당신의 사랑하는 종의 생명과 건강을 온전히 보전해주시길 앙망하며, 김 목사님이 그토록 간절히 바랐던 대로 비록 입술을 크게 벌려 담대히 설교할 기회는 사라졌지만, 이 귀한 책이 좀더 많은 사람에게, 그리고 오고 오는 세대에게 교회와 그리스도인됨의 참 의미를 일깨우는 강력한 나팔이 되길 바랍니다.

새물결플러스 & 아카데미 대표 김요한 목사

1부

교회의 기초에 관하여

그리스도인과 기독교에 대하여

1. 하나님을 사랑하는 자

그리스도인은 어떤 사람인가? 무엇보다도 하나님을 사랑하는 자다. 너무 당연한 말이다. 그리스도인이란 하나님의 은혜와 사랑을 체험하고 하나님의 자녀가 된 자다. 그 결과 하나님을 사랑하게 된 자다. 하지만 이 당연한 진리를 적용되지 않는 경우가 너무 많다. 하나님을 믿는다고 하면서도 실제로는 하나님을 사랑하지 않는 사람이 너무 많다. 물론 하나님을 믿는다고 하면서도 하나님의 뜻대로 살지 못할 때가 많긴 하다. 수제자 베드로도 예수님을 부인하지 않았는가? 하지만 베드로는 연약하여 주님을 부인한 그 순간에도 주님을 깊이 사랑했다. 그랬기에 닭 우는 소리를 듣고는 심히 통곡한 것이다. 베드로와 유다가 다른 지점이 바로 그곳이다. 유다도 주님을 판 것을 후회했고 자신이 무죄한 피를 팔았다고 자백했지만, 그는 회개하고 주님께로 돌아오지 않았다. 단지 잘못을 괴로워하였을 뿐이었기에 결국 자살을 선택하고 말았다. 그는 한 번도 주님을 사랑한 적이 없었고, 주님과 사랑의 관계를 맺어본 적이 없었다.

　바울은 "하나님의 뜻대로 부르심을 입은 자"와 "하나님을 사

랑하는 자"를 동일시한다(롬 8:28). 심지어 "누구든지 주를 사랑
하지 아니하거든 저주를 받을지어다"라고 말한다(고전 16:22).
야고보도 하나님이 그의 나라를 "자기를 사랑하는 자들에게 약
속하셨다"고 말하면서, 믿음에 부요한 자와 하나님을 사랑하는
자를 동일시한다(2:5). 그리스도인은 누군가? 하나님의 뜻대로
부르심을 입었고, 하나님의 나라를 유업으로 약속받았으며, 세
상에서는 가난해도 믿음에는 부요한 자가 아닌가? 그 모든 일
이 그에게 일어난 것을 우리는 어떻게 알 수 있는가? 그가 하나
님을 사랑하는 것을 보고 알 수 있다. 하나님을 사랑하지 않는
자는 하나님을 모르는 자요 믿지 않는 자다. 그는 주님의 사랑
을 체험해본 적이 없고, 주님을 마음 보좌에 모신 적이 없는 자
다. 하나님을 사랑하는 자는 하나님을 자신의 최고의 가치요 궁
극적인 의미로 여긴다.

따라서 하나님보다 더 사랑하는 우상을 둘 수 없고, 심지어는
가족이나 자신의 목숨까지도 하나님보다 앞세울 수 없다. 하나
님을 사랑하는 자는 하나님의 뜻에 순종하기를 즐겨하고 하나
님을 기쁘시게 하기를 좋아한다. 우리의 구원이 완성되지 않았
기에 넘어지고 실패할 때도 많겠지만, 마음 중심에서는 하나님
을 사모하고 그분을 목말라 하는 자가 그리스도인이다. 하나님
의 사랑을 받은 자는 하나님을 사랑할 수밖에 없기 때문이다.

2. 영광과 형상

그리스도인의 삶의 목적은 무엇인가? 성경은 '하나님의 영광'이라고 말한다. 인간은 하나님의 영광을 드러내기 위해 지음 받은 존재라는 뜻이다. 우리는 어떻게 하나님께 영광을 돌릴 수 있는가? 하나님의 영광은 하나님의 본성이 드러나는 것이며, 그분의 장엄하심과 위대하심의 발현(發現)이다. 따라서 하나님께 영광을 돌리는 첫 번째 길은 그분의 영광스러움을 보고 인정하는 것이다. 이것이 '예배'가 목적하는 바다. 우리가 하나님을 찬양하고 경배하는 것은 비위를 맞추거나 아부하기 위해서가 아니다. 하나님이 찬양받아 마땅한 분이시기 때문에, 그분의 아름다우심에 대해 자연스럽게 찬탄이 우러나오기에 우리는 예배하는 것이다. 하나님은 자기도취에 빠지기 위해 우리의 찬양과 경배를 원하시는 게 아니다. 하나님은 우리의 찬송을 받아야 비로소 힘이 나시는 분이 아니라는 뜻이다. 하나님은 우리가 당신의 선하심과 은혜를 맛보고 그 사랑에 반응하게 함으로써 우리와 함께 사귐을 누리기를 원하신다. 많은 사람이 예배를 즐거워하지 않고 지겨워하는 것은 예배 중에 하나님의 영광을 보지 못했기 때문이다. 2002년 한일 월드컵 때의 온 국민이 "대~ 한민국"을 연호하며 한 마음이 되었던 감동을 기억하는가? 평소에 축구에 큰 관심이 있었던 것도 아닌데, 그때만큼은 우리 팀에 대한 애정과 감탄을 표출하지 않을 수 없었다. 그때 우리는 환호하는 것이 너무나 자연스럽고 자발적이었다. 그렇게 하지 않기가 더 힘들었다. 예배도 마찬가지다. 하나님의 영광을 보면 누구든 하나님을 찬양하고 경배하지 않을 수 없다.

하나님의 영광을 구하는 둘째 길은 우리가 그리스도의 형상을 본받음으로써 하나님을 닮은 자들이 되어 하나님의 하나님 되심을 드러내는 것이다. 주님은 산상수훈에서 사람들이 우리의 착한 행실을 보고 하늘에 계신 아버지께 영광을 돌리게 하라고 말씀하셨다. 하나님은 단지 우리가 하나님의 영광스러움을 보고 찬양하는 것에 머물지 않고, 우리도 하나님의 영광의 수준에 도달하기를 원하신다. 달이 햇빛에 반사되어 아름다운 빛을 발하듯이, 하나님의 형상으로 지음 받은 우리도 그리스도의 형상을 본받아 하나님의 영광을 반영할 때, 사람들이 그 영광을 보고 하나님께 찬양하게 될 것이다. 하나님의 영광을 보는 것과 반영하는 것, 이 둘은 서로 연결되어 있다. 하나님의 영광을 보면 볼수록 하나님의 형상을 닮게 된다(고후 3:18). 나다나엘 호손(Nathanael Hawthorne)의 "큰 바위 얼굴" 이야기를 기억하는가? 저 멀리 인자하고 숭고한 큰 바위 얼굴을 늘 보고 흠모하면서 자라난 어네스트는 자신도 모르는 사이에 그런 인품의 소유자가 되어 있었다. 참된 성자는 먼저 예배자임을 알아야 한다. 하나님을 진심으로 예배하지 않는 사람이 하나님을 닮을 수는 없는 법이다.

바울은 인간의 문제를 "모든 사람이 죄를 범하였으매 하나님의 영광에 이르지 못한" 것이라고 말한다. 인간은 하나님의 영광에서 떨어진 존재들이다. 따라서 인간의 구원은 하나님의 영광에로의 회복을 포함해야 한다. 구원은 단지 완벽한 환경인 낙원에로의 장소 이동만이 아니다. 환경의 변화가 아닌 존재의 변화가 구원의 핵심이다. 언젠가 주님이 다시 오시고 성화가 완성되면, 그때는 "사망이 없고 애통하는 것이나 곡하는 것이나 아픈 것이 다시 있지 아니"할 것이다(계 21:4). 그때까지 주님은 우리에게 좀더 나은 환경을 주시는 것이 아니라, 우리가 좀더 나은 존재가 되게 하는 환경을 조성해주신다. 주님을 잘 믿는 사람들이 역경을 잘 통과하는 것은 그 때문이다. 주님의 거룩하심과 아름다우심을 본 사람이면 누구든 그분 닮기를 가장 큰 소원으로 삼을 것이다. 그리스도인은 하나님의 영광을 바라고 즐거워할 뿐 아니라, 환난 중에도 즐거워한다. 바울의 말대로, 환난은 인내를 낳고, 인내는 연단을 낳고, 연단은 소망을 이루는 줄 알기 때문이다. 우리는 환난 자체를 즐거워할 수 없다. 다만 환난을 인내로 통과하면 우리의 성품이 연단을 받고 참된 소망을 품게 한다는 것을 알고 있기에 즐거이 감당하는 것뿐이다. 그리스도인은 무엇보다도 하나님의 영광을 본 사람이며, 그로 인해 가치관이 바뀐 사람이다. 이제 바라고 원하는 대상과 내용이 달라진 사람들이라는 뜻이다. 더는 재물, 쾌락, 명예, 권력, 이 세상에서의 안락한 삶 등을 원하지 않는다. 우리가 사모하는 것은 보이지 않는 것, 장차 올 하나님의 영광이다. "우리의 잠시 받는 환난의 경한 것이 지극히 크고 영원한 영광의 중한 것을 우리에게 이루게 함이니 우리의 돌아보는 것은 보이는 것이 아니요 보이지 않는 것이니 보이는 것은 잠깐이요 보이지 않는 것은 영원함이니라"(고후 4:17-18). 그리스도인의 삶의 목적은 행복(happiness)이 아니라 거룩함(holiness)이다. 실상을 말한다면, 우리에게는 거룩함이야말로 행복인 것이다.

3. 창조의 영광

전통적으로 프로테스탄트는 창조보다는 구속의 교리를 강조해 왔다. 그리스도의 십자가와 부활로 말미암는 구속의 진리와 그 체험의 중요성은 아무리 강조해도 지나치지 않다. 구속을 강조하는 사람들에게 세상은 타락한 곳에 불과하다. 그들은 모든 것에 미친 죄의 파괴력을 보려고 한다. 이 또한 바른 성경적 관점이다. 세상에 미친 타락의 영향력은 심각하며, 죄의 실상을 바로 보지 못하는 한 구속의 필요성과 중요성을 절감하기 어렵다. 하지만 세상을 볼 때 타락의 파괴력만 보고 창조의 영광을 보지 못한다면, 그것 또한 심각한 왜곡이다. 비록 피조물들이 함께 탄식하고 고통하는 것은 사실이지만(롬 8:22), 피조세계는 타락으로 인해 완전히 파괴된 것이 아니다. 불완전하나마 여전히 창조는 하나님의 영광을 드러내며, 우리는 그 영광을 보고 하나님을 찬미할 수 있다. 창조는 선하고 아름답다(창 1:31). 창조는 하나님의 선물이다. 우리는 창조를 즐거워하고 감사할 대상이다. 그것이 선물을 주신 분에 대한 합당한 태도다.

창조에서 하나님의 영광을 보는 눈을 가진 자들에게 이 세상은 경이요 신비다. 우리의 눈길이 가는 곳마다 하나님의 솜씨가 드러나 있고, 하나님의 선하심과 아름다움이 반사되고 있다. 신선한 공기, 밝은 햇살, 화사한 꽃, 청아한 아침이슬, 빛나는 별들, 눈 덮인 산봉우리, 샘과 강과 바다, 북극의 빙하와 열대의 섬들, 나무와 숲과 새들, 바람, 그리고 구름. 눈을 들어 주변을 둘러보면 "그 어느 것 하나 주의 손길 안 미친 것 전혀 없다." 창조의 아름다움을 만끽하다 보면 살아있다는 것이 너무 행복하고 감사하다. 욕심을 버리고 하나님의 은혜에 자신을 의탁할 때, 삶이 얼마나 귀하고 아름다운지, 눈물짓지 않을 수 없다. 관광지에서 무엇을 보았느냐는 질문에 일본인 관광객들이 안내자의 깃발만 보았다고 답했다는 우스갯소리가 있다. 이렇게 아름다운 세상에 살면서 나에게 사로잡히고 나에게 찌들어 창조의 영광을 보지 못하고 있지는 않은가? 하나님의 세계를 바라보자. 하나님의 솜씨에 매료되어 우리의 눈길이 창조의 영광에 고정될 때, 우리는 우리 자신을 새롭게 볼 수 있게 될 것이다. 한 가지 더 있다. 우리가 창조를 볼 때 표면만 보지 말고 이면도 보아야 한다. 하나님 그분을 보아야 한다. "사람의 제일 가는 목적은 영원토록 하나님을 즐거워함으로써 하나님을 영화롭게 하는 것이다."

4. 네 종류의 기독교

대학생 때의 일이다. 텍사스 달라스의 한 교회에 출석 중이었던 나는 목사지망생이라는 이유로 담임목사님의 사랑을 많이 받았다. 나는 종종 목사님과 신앙에 관한 얘기를 나누면서 어떨 땐 목사님의 귀한 가르침을 받기도 했고, 내 의견을 조심스레 말씀드리고 목사님의 칭찬이나 교정을 받기도 했다. 한 번은 경험을 해보니 네 종류의 기독교가 있는 것 같다는 말씀을 드렸다. 나는 영락교회에서 자란 터라 전통적인 장로교 스타일의 교회에 가장 익숙했다. 좀 더 커서는 장로교회와는 전혀 다른 스타일의 순복음교회를 알게 되었고, 또 민중신학 등을 주장하는 자유주의적인 교회가 있는 것도 알게 되었다. 거기에 이들 개신교 외에 천주교가 있었다. 이러한 여러 유형의 교회들을 지적한 것은 이들 교회들이 보여주는 영성의 특징들이 상이하게 느껴졌기 때문이었다. 장로교회로 대표되는 전통적 교회들은 말씀을, 순복음교회는 성령을, 자유주의적인 교회는 사회참여를, 천주교는 수도원적 영성훈련을 강조하는 듯싶었다. 목사님은 내 관찰에 웃으시면서 각 교단의 장점만 따르면 좋겠다는 내 의견에 기꺼이 동의해 주셨다. 후에 나는 영성에 관한 권위자로 여겨지는 리차드 포스터 역시 영성의 다양한 스타일에 대해서 거의 같은 분류를 하고 있음을 알게 되었다.

목사가 된 후 개인신앙을 위해서만 아니라 교우들을 바른 신앙으로 이끌어야 하는 책임이 생겼기에 참된 영성이 무엇인지를 고민하지 않을 수 없게 되었다. 다양한 영성에 대한 대화를 나눈지 약 25년이 지난 요즘에는 교단간의 차이가 많이 줄어든 듯 보인다. 말씀, 성령, 사회참여, 수도원적 영성훈련은 어느 한 교단의 전유물이 아니라 범 교회적으로 받아들여지고 있다. 요즘 나는 외형적인 영성의 스타일의 차이를 통해서가 아니라 다른 시각에서 기독교의 다양성을 보고 있다. 바른 영성을 추구하는 것은 방법이나 스타일의 차이가 문제는 아니라는 생각이 든다.

먼저 "교양/문화적 기독교"를 말할 수 있다. 여기에 속한 자들은 기독교를 삶의 외형을 치장하는 장식품이나 문화적 관습으로 이해한다. 성경은 고전이니 교양인이라면 한번은 읽어보아야 한다거나, 우리는 기독교 집안이라고 소개하는 데 그치는 정도의 인식에 머무는 기독교가 여기에 속한다. 마피아 영화를 보면 사람 죽이기를 파리 죽이듯 하면서도 천주교의 의식을 따라 엄숙하게 장례식을 거행하는 장면을 볼 수 있다. 밖에서는 기관총을 멘 자들이 살벌한 경호를 하고 있고, 안에서는 대부의 가족이 신부의 인도로 장례식을 치르는 것이다. 이들에게 기독교는 문화요 관습일 뿐이다.

둘째로 무속/기복적 기독교가 있다. 무속주의란 영매(무당)를 통해 신들의 힘을 빌고자 하는 신앙형태이며, 세속적인 복을 추구하는 기복주의와 함께 역사적으로 가장 강력한 종교적 실세라고 할 수 있다. 한국에서는 불교(스님 무당)와 기독교(목사 무당)는 포장만 달리했지 실상은 무속/기복주의의 변형에 지나지 않는 경우가 많다.

셋째로 도덕/율법적 기독교다. 이것은 앞서 언급한 유형보다 나은 가치를 추구한다는 점에서 좀더 고상하다고 할 수 있다. 주로 자유주의적인 교회들은 인간화나 인격함양 등의 도덕 기독교를 말하고, 보수주의적인 교회들은 경건한 신앙생활을 규정하는 율법적 형식의 기독교를 말한다. 문제는 이 수준의 기독교만으로는 양심적이고 윤리적으로 살려는 비기독교인들과 별반 다를 게 없다는 점이다.

나는 참된 기독교는 오직 "생명/능력의 기독교"뿐이라고 생각한다. 기독교란 그리스도를 믿는 신앙을 말한다. 그리스도를 참으로 아는 자들은 그분의 생명을 경험한다. 이 생명의 체험이 없는 기독교는 가짜다. 제 아무리 그럴 듯해 보여도 생명이 없는 기독교는 죽은 것이며, 그 속에 능력이 없다. 어떤 능력을 말하는가? 기적을 행하고 은사들을 발휘하는 능력이 아니다. 그런 능력은 거짓선지자들도 행한다. 참된 기독교의 능력은 사람을 중심에서부터 회개케 하는 변화의 능력이요, 진실함과 거룩함으로 이끄는 성화의 능력이요, 모양만 있는 경건이 아닌 참으로 경건의 참 모습을 보여주는 능력이다. 복음은 영적으로 죽은 자를 살린다. 중생한 자들, 성령을 모시고 하나님(그리스도)의 생명을 소유한 자들은 이 성화의 능력을 경험한다. 나는 그리스도를 교양으로 아는가? 내게 세속적 복을 주는 무당으로 아는가? 훌륭한 가르침을 주는 도덕적 스승으로 아는가? 그리스도를 생명으로 아는 자만이 그분의 능력을 맛볼 것이다.

5. 기독교 쾌락주의

존 파이퍼(John Piper)는 "Desiring God"나 "Hunger for God" 등을 저술한 탁월한 신학자요 목사다. 그는 기독교 쾌락주의 (Christian Hedonism)라는 말을 종종 사용하는데, '쾌락주의'라는 말이 주는 부정적인 느낌 때문에 오해의 소지가 있지만, 그는 일반적인 쾌락주의와는 전혀 다른 뜻으로 쓰고 있다. 그의 책에는 다음과 같은 문장이 꼭 들어 있다. "하나님은 우리가 그분 안에서 가장 만족해 할 때 우리 안에서 가장 영광을 받으신다"("God is most glorified in us when we are most satisfied in him"). 그는 "사람의 제일 되는 목적은 하나님을 영화롭게 하고 영원토록 하나님을 즐거워하는 것이다"라는 소요리문답의 제 1항을 다음과 같이 고쳐 쓴다. "사람의 제일 가는 목적은 영원토록 하나님을 즐거워함으로써 하나님을 영화롭게 하는 것이다."

하나님은 인간을 당신의 즐거움을 위해 창조하셨다는 것이다. 언뜻 들으면 하나님이 인간을 노리개 감으로 취급하시는 것 같은 느낌이 들지만, 실상은 전혀 다르다. 하나님이 우리를 기뻐하시는 것만큼 우리에게 큰 기쁨과 영광이 또 있을까? 하나님이 우리를 즐거워하시는 것은 아이를 즐거워하는 부모의 비유로 이해해야 한다. 아이 사랑에 푹 빠진 나머지 아이가 예뻐 어쩔 줄 모르는 부모의 모습은 얼마나 아름다운가? 바로 이것이 하나님의 모습이다. 그런데 하나님은 우리도 당신을 기뻐해 주기를 원하신다. 하나님 자신도 우리의 기쁨이 되고 싶어 하신다. 나는 이것이야말로 하나님의 겸손이요 사랑이라고 생각한다. 아무 부족함이 없으신 하나님이 인간을 사랑하고 기뻐하기 위해 창조하셨고, 또 스스로 그 인간의 기쁨이 되기를 원하신다는 사실은 얼마나 놀라운가? 하나님은 우리를 당신의 사랑의 파트너로 만드시고, 우리와 깊은 사랑의 교감 속에서 서로 기뻐하고 즐거워하기를 가장 원하신다. 이러한 하나님의 사랑을 억만 분의 일이라도 이해한다면, 우리는 그 숨 막히는 감동에 충격과 전율을 느끼게 될 것이다. 우리가 하나님을 기뻐할 때 하나님은 가장 기뻐하신다. 기독교 쾌락주의란 하나님을 즐거워하는 것이다. 하나님을 기뻐하는 것이야말로 우리의 힘이요(느 8:10), 존재 이유다. 찬송가 499장의 후렴처럼 "우리 서로 받은 그 기쁨은 알 사람이 없도다."

6. 기독교의 핵심

성경에서 가장 유명한 구절을 고르라면 나는 단연코 요한복음 3:16이라고 말할 것이다. "하나님이 세상을 이처럼 사랑하사 독생자를 주셨으니 이는 저를 믿는 자마다 멸망치 않고 영생을 얻게 하려 하심이니라." 이 구절은 유명하기만 한 것이 아니라, 실제로 복음을 가장 잘 요약하고 있는, 성경전체의 요절로 손색이 없다. 그리스도인의 삶의 근간이 될 만한 몇몇 성경구절을 나무에 비유하여 인생목(人生木)이라고 이름한 적이 있는데, 그 중 뿌리에 해당되는 구절이 바로 이 구절이었다. 그리스도인의 삶은 복음에 뿌리내려야 하기 때문이다.

이 구절은 몇몇 실체들(substances)과 그들이 맺고 있는 관계를 보여준다. 여기에는 하나님, 세상, 독생자(그리스도), 믿는 자 등 네 실체가 등장한다. 하나님은 어떤 분이신가? 하나님은 세상을 사랑하시고 독생자를 주신 분으로 묘사된다. 왜 하나님이 세상을 사랑하실까? 그분이 세상을 창조하셨기 때문이다. 세상을 창조하신 분이라면 그는 전능하신 하나님이심에 틀림없다. 하나님은 독생자를 주신 분이기도 하다. 이 짧은 표현에서 많은 것을 읽어낼 수 없겠지만, 그리스도인들은 여기서 삼위일체(적어도 이위일체)적 관계를 감지하게 된다. 독생자를 주신 이유는 무엇인가? 그것은 세상이 그를 믿고 영생을 얻게 하기 위함이다. 이 구절은 하나님을 전능하신 창조주요 사랑의 구속주로 묘사하고 있다. 세상에 대해서는 어떠한가? 한편으로 세상은 하나님의 피조물이며, 다른 한편으로는 독생자를 믿고 영생을 얻어야 하는 존재다. (여기서 세상은 인간 세상, 즉 인류를 말한다.) 세상은 하나님에 의해 창조되었을 뿐 아니라 타락한 존재로서 구원받아야 하는 대상인 것이다.

독생자를 생각해보자. 요한복음에서 독생자는 그리스도를 가리킨다. 그리스도는 하나님으로부터 유일하게 나신 자(모노게네스, monogenes)다. 초대 교부들은 여기서 그리스도가 창조되신 분이 아니라 나신 분이라는 사실에 주목한다. 이 표현은 그리스도께서 피조물이 아니라 하나님과 같은 본성, 즉 신성을 지니신 분임을 보여주기 때문이다. 하나님은 세상을 위해 자신의 독생자를 내어주셨다. 그리스도께서 하나님의 말씀을 전하고 가르치기만 하셨다면 "주셨다"는 표현은 어울리지 않는다. 그리스도는 세상을 위해 목숨을 버리셨다. 따라서 이 구절은 그리스도의 신성과 구속사역을 보여준다.

마지막으로 믿는 자가 나온다. 믿는 자는 누구인가? 하나님의 독생자 그리스도를 그분이 주장하신 그대로 인정하고 받아들인 자다. 요한은 믿는다는 것은 곧 영접하는 것이라고 하면서 그리스도를 믿고 영접하는 자들에게는 하나님의 자녀가 되는 권세를 주셨다고 말한다(요 1:12-13). 영생을 얻는 것과 하나님의 자녀가 되는 것은 같은 일인 것이다. 그렇다면 믿지 않는 자들은 어떻게 되는가? 영생과는 반대로 멸망에 처하게 된다. 세상에는 믿는 자와 믿지 않는 자, 영생을 얻는 자와 멸망에 처하는 자가 함께 있다. 어떤 신학자는 성경에서 가장 슬픈 구절이 요한복음 1:10-11이라고 말했다. "그가 세상에 계셨으며 세상은 그로 말미암아 지은 바 되었으되 세상이 그를 알지 못하였고 자기 땅에 오매 자기 백성이 영접지 아니하였으나." 그렇다면 그리스도를 믿고 영생을 얻은 자들이 해야 할 일은 분명하다. 하나님이 세상을 사랑하셔서 독생자를 주신 것처럼, 우리도 세상을 사랑하여 독생자를 전해야 한다. 세상은 하나님이 이미 독생자를 주신 것을 알아야 한다. 구원 또는 영생은 이미 독생자를 통해 세상에게 주어졌다. 세상이 할 일은 구원을 새롭게 성취하는 것이 아니라 이미 주신 구원을 받아들이는 것이다. 독생자를 믿는 것이다.

이 짧은 한 절에 참으로 많은 진리가 들어있다. 여기에는 신론, 인간론, 기독론, 구원론이 담겨있고, 직접 표면에 드러나 있지는 않지만, 그리스도인의 사명도 암시되어 있다. 특별히 하나님께서 독생자를 주신 것은 구원을 위한 실제적인 해결책이 역사적, 객관적으로 마련되었음을 보여주는, 너무도 기쁜 소식이다. 이것이 복음이다. 복음은 "하라"(Do)는 율법이 아니라 "되었다"(Done)는 소식이며, 믿음으로 받아들여야 할 구원의 길이다. 하나님은 세상을 사랑하신다. 사랑의 감정과 태도를 지니신 정도가 아니라, 그 사랑을 가장 큰 희생의 행위로 실천하셨다. 나는 이 사랑에 어떻게 응답하고 있는가?

7. 기독교에 대한 오해

인터넷상에서 기독교를 공격하는 가장 흔한 공격 중 하나는 이 것이다: "아무리 착하게 살아도 예수를 믿지 않으면 지옥에 보내고, 갖은 나쁜 일을 해도 예수만 믿으면 천국에 보낸다니, 그런 하나님을 어떻게 믿을 수 있는가?" 이런 주장에 반박하는 기독교인들의 댓글은 대체로 감정적일 뿐 문제의 핵심을 빗겨간 느낌이다.

우선 그들은 기독교가 가르치는 바를 오해한 채 공격한 것이다. 기독교는 아무리 착하게 살아도 예수를 안 믿으면 지옥에 간다고 가르치지 않는다. 기독교는 하나님 앞에서 선한 사람은 아무도 없다고 가르친다. "모든 사람이 죄를 범하였으매 하나님의 영광에 이르지 못하더니"(롬 3:23). 우리가 예수님을 믿는 것은 모든 인간이 죄인이며, 예수님만이 인간의 죄를 해결하셨기 때문이다. 인간은 모두 그 마음이 거짓되고 부패했으며, 죄의 본질인 자기중심성의 노예이다. 사람들이 이 사실을 깨닫지 못하는 것은 거룩하신 하나님을 모르기 때문이다. 심판 때 모든 실상이 드러나면, "착한 사람도 예수 안 믿었다고 지옥에 보내는 것이 공의로운가?"라고 하나님을 공박할 사람은 없을 것이다.

둘째, 기독교는 온갖 나쁜 일을 해도 예수만 믿으면 천국에 간다고 가르치지 않는다. 물론 예수를 믿기 전에 행한 모든 악한 일에 대해서는 진심으로 회개하면 다 용서를 받는 것이 맞다. 기독교가 복음인 이유가 그것이다. 아무리 악한 죄인이라도 용서하시고 받아주시는 사랑의 하나님이 계시기 때문이다. 하지만 예수님을 믿고 하나님의 자녀가 된 사람은 반드시 변하게 되어 있다. 죄를 안 짓는 것은 아니지만, 예수님을 영접하고 성령을 모신 이들은 예전처럼 죄에 무감각하거나 습관적으로 범죄할 수 없고, 죄를 범했더라도 성령의 근심을 느끼기 때문에 회개하지 않을 수 없다. 그리스도인이라고 하면서 죄에 둔감하다면 하나님은 그를 징계하실 것이고, 징계도 없고 회개도 없다면 그는 아직 거듭난 하나님의 자녀가 아니기 때문이다. 비기독교인들이 착한 사람도 예수 안 믿으면 지옥에 보내는 분이라고 하나님을 오해하는 것은 그들의 무지 때문이지만, 온갖 죄를 지어도 예수만 믿으면 천국에 간다고 기독교가 가르친다고 생각하는 것은 교회의 책임이다. 교회가 복음을 바로 가르치지 못해서 그렇다. 비기독교인들 뿐 아니라 기독교인들 중에도 하나님을 모르고 복음을 오해하는 자들이 많다는 데 문제가 있다. 복음의 회복이 시급하다.

8. 기독교의 특수성

비기독교인들이 기독교에 대해 반감을 품는 것은 기독교 자체에 대한 반감이 아니라 소위 기독교인들의 행태를 향한 것이다. 즉 예수님은 좋은데 교회는 싫다는 것이다. 예수님은 인류의 위대한 스승이시고 4대 성인 중 한분으로서 참으로 훌륭한 것을 인정하지만, 그분을 믿는다는 이들이 그 가르침대로 살지 않고 몹시 위선적이라는 것이 그들의 비판의 핵심이다. 간디는 예수님의 산상수훈을 인간의 언어로 쓴 글 중에 가장 고상하고 높은 도덕적 가르침이라고 인정한다. 하지만 그렇게 사는 그리스도인을 보지 못했다고 비판했다. 나는 이런 비판에 그다지 놀라지 않고 대체로 수긍하는 편이다. 오강남씨의 <예수는 없다>를 읽고서도 그랬다. 교리에 대한 비판에는 동의할 수 없었지만 교회의 타락상에 지적하는 말에는 공감하였다.

하지만 사실 기독교의 가장 힘든 부분은 교인들의 그릇된 행태가 아니라 교리 자체다. 특히 기독교 외에는 구원이 없다고 하는 주장이야말로 세상에게는 가장 큰 걸림돌이 된다. 아무도 이성과 양심을 좇아 올곧게 살면 진리에 이를 수 있고 구원받을 수 있다는 보편적 구원론을 말하지 않고, 예수라는 한 역사적 인물의 죽음과 부활이라는 특수한 사건을 통해서만 구원을 받을 수 있다는 대단히 배타적 구원론에 불편해한다. 거기에다 선택 교리까지 더해지면, 그 불공평함과 불공정함이 야기한 의분(義憤)은 거의 폭발할 지경에 이르게 된다.

우리는 이에 대해 무엇을 말할 것인가? 먼저 성경은 인간의 인식능력이 죄로 인해 심히 제한되고 왜곡되었다고 말한다. 인간은 하나님을 거부하고 스스로 하나님의 위치에 올라서는 죄와 교만에 빠지게 되었고, 그로 인해 창조주 하나님에 대한 지식을 상실하게 되었다. 인간이 자신의 이성과 양심으로 하나님을 발견할 수 없는 것은 바로 그 때문이다. 모든 인간이 아담으로부터 나온 연대적 존재로서 타락이라는 공동운명에 처해 있는 것이 사실이라면, 그 구원도 둘째 아담이신 그리스도와의 연대적 관계를 통해서 이루어지는 것이 당연하다. 그래서 기독교는 모든 사람이 각자 깨달음과 도덕적 수양을 통해서가 아니라 그리스도와의 연합을 통해서만 구원받을 수 있다고 가르치는 것이다. 구원은 괴로움으로부터의 탈피가 아니라 하나님과의 올바른 관계로의 진입이며, 이 관계의 회복은 하나님이 내미신 손(예수님)을 잡을 때에만 가능하다.

그리스도인의 삶에 대하여

9. 삶의 원동력

인간은 필요에 따라 움직이는 존재다. 인간은 몸을 지닌 존재이기에 몸의 필요를 채우려는 본능적인 욕구를 가졌다. 식욕, 성욕, 수면욕 등은 사실상 삶의 대부분을 좌우하는 가장 강력한 욕구들이다. 금식을 하면 우리가 얼마나 먹기 위해 사는 존재들인지 확실히 알게 된다. 인간은 정신적 존재이기에 정신적 욕구도 있다. 무엇인가를 알거나 이해하고 싶어 하는 지적 호기심, 아름다움을 표현하고 감상하고 싶어 하는 예술적 욕구, 소속되고 인정받고 사랑하고 싶어 하는 인격적 필요, 옳은 것을 추구하고자 하는 도덕적 의무감 등이 그것이다. 대부분의 사람들에게는 이 모든 욕구를 만족시킬 수 있는 수단인 돈에 대한 집착, 탐심이 가장 강한 욕구다. 우리는 대체로 신체적 욕구는 저급하고 정신적 욕구는 고상하다고 생각하지만 꼭 그런 것은 아니다. 신체적 욕구이든 정신적 욕구이든 건강한 욕구가 있는 반면에 병든 욕구도 있다. 게을러서 자꾸 더 자고 싶어 하거나 끊임없이 미식을 탐하는 것, 음란한 정욕에 사로잡히는 것 등은 신체적 욕망의 병든 모습이다. 인정받고 싶어 하는 것은 정당한 욕구이지만, 그것이 지나쳐서 항상 다른 사람들의 인정을 구하고자 하는 것은 그릇된 명예욕이다. 도덕적 의무감은 고상하게 보이지만, 자기 의를 자랑하면서 다른 사람을 정죄하고 비판하는 바리새적 도덕주의로 이어질 때는 추악해진다.

신체적, 정신적 차원을 너머서 영적 차원을 이해할 때, 비로소 인간의 욕구를 온전히 이해할 수 있게 된다. 인간은 영적 존재로서 하나님과 교통하면서 그분의 은혜와 사랑을 누리고, 그분의 아름다움을 즐기며, 그분을 전심으로 섬기며 살도록 지음 받았다. 죄로 인해 관계가 끊어진 후, 인간은 하나님을 모르고 그릇된 영성을 추구하게 되었는데, 그 영향이 정신적, 신체적 영역에까지 미친 것이다. 인간은 영적인 필요를 제대로 채울 때, 다른 욕구들도 건강과 균형을 되찾게 된다.

구속받은 그리스도인에게 하나님을 알고 하나님을 사랑하고자 하는 영적 욕구가 가장 강한 것은 당연하다. 내 삶의 원동력은 무엇인가? 오늘도 나는 수많은 욕망의 다발 속에서 이리 끌리고 저리 당기면서 산다. 때론 저급하게, 때론 고상하게. 하지만 그 모든 욕망들의 아우성 속에서도 내 중심에서 나를 사로잡고 있는 가장 강한 갈망은 주님에 대한 목마름이었다고 고백할 수 있는가?

10. 용서에 대하여

그리스도인들이 비그리스도인들과 별로 다를 바 없다는 비난을 종종 듣는다. 부인하고 싶지만 그럴 수 없는 것이 안타깝다. 다만 속으로 이렇게 대꾸한다. "교회 다닌다고 다 그리스도인은 아니다. 입으로 믿는다고 고백한다고 다 참 신자는 아니다. 참으로 거듭난 자들은 분명 믿지 않는 자들과 다르다. 그것도 근본적으로 다르다." 물론 참 신자라 해도 겉으로만 보면 비신자들과 비슷한 경우도 있다. 그래서 흔히들 그리스도인은 "용서받은 죄인"일 뿐이라고 말하는 것이리라. 이 사실에 주목해야 한다. 겉모습은 별반 다르지 않아 보여도 내면은 근본적으로 다른데, 그건 용서와 관련하여 특히 그렇다. 진정한 그리스도인은 자신이 죄인임을 통감하며 하나님의 용서를 간절히 사모한다. 이 점이 비신자들과 가장 다르다. 의롭게 살지 못했을 때 한 쪽은 가슴 아파하고 통회한다면, 다른 쪽은 이에 둔감하다. 참 신자는 자신의 죄에 대해 슬퍼할 수밖에 없다. 또 그리스도인은 남을 진심으로 용서한다. 물론 우리는 완전하지 않다. 완전한 것은 고사하고 주님을 따르면 따를수록 자신의 죄성을 더 깊이 깨닫고 괴로워하는 것이 우리 실상이다. 하지만 그리스도인은 하나님이 용서하셨고 받아주셨음을 안다. 그분이 은혜의 하나님이신 것을 안다. 하나님의 용서를 체험한 만큼 우리도 용서할 수 있게 된다. 용서하지 못하는 사람이 있다면, 그는 잠시 내가 받은 용서의 은혜에 무감각해졌거나 하나님의 용서를 체험하지 못했을 수 있다. 사죄의 은총에 대한 확신과 이로 인해 타인을 향한 용서로 나아가는 것이야 말로 참된 그리스도인의 가장 두드러진 특징이다. 사랑받은 자가 사랑하며 용서 받은 자가 용서한다. 죄인들끼리의 사랑의 팔할은 용서이다.

그럼 얼마나 용서해야 하는가? 마태복음 18장에 용서에 대한 주님의 비유가 나온다. 비유는 독자의 마음을 격동하고 감정적인 반응을 불러일으킴으로써 그들을 비유 안으로 끌어들이는 힘이 있다. 또한 자신들이 내린 판결로 스스로 깨닫게 하는 독특한 힘이 있다. 주님은 참으로 비유의 천재이셨다. 왕에게 탕감을 받은 종의 빚에 비하면 그 종에 대한 동관의 빚은 육십만 분의 일도 안 된다. 육십만 불 용서받은 사람이 일불의 빚을 용서하지 않은 것이다. 이 종이 어떻게 그런 큰 빚을 지게 되었는지는 이야기의 초점이 아니다. 비유는 이 종이 결코 갚을 수 없는 빚을 졌다고 말하고 있는 것이다. 이와 비교하면 동관의 빚은 조족지혈(鳥足之血)이다. 비유를 들으면 누구나 동관의 행태에 분노하지 않을 수 없다. 베드로가 일곱 번 용서하면 되겠느냐고 주님께 물었을 때, 주님은 일흔 번씩 일곱 번이라도 용서하라고 답하신다. 용서에는 제한이 없다는 뜻이다. 왜 그런가? 우리가 받은 용서가 무한하기 때문이다.

용서의 당위성을 안다고 용서하기가 쉬워지는 것은 아니다. 모욕과 손해를 떠올릴수록, 또 상대의 비인격적 태도와 불의를 생각하면, 도저히 용서할 수 없고, 용서 받을 자격이 없다고 생각하는 것이 당연하다. 그런데 여기서 용서와 관련하여 두 가지를 생각해보자. 용서는 그 대상이 진심으로 잘못을 인정하고 뉘우칠 때 가능하다는 것이다. 이 비유에서 종이나 동관은 둘 다 자신의 빚을 인정하고 용서를 빌었다. 잘못을 인정하지 않았는데 용서한다면, 그건 불의를 용납하는 것일 뿐 진정한 용서가 아니다. 물론 상대가 뉘우칠 때까지는 미워해도 좋다는 말은 아니다. 죄는 미워하되 사람은 미워해서는 안 된다. 그런데 사람을 미워하지 않기가 얼마나 어려운가? 이 때 우리는 C. S. 루이스의 말을 기억할 필요가 있다. 주께서 490번 용서하라고 하신 것은 490번이나 잘못해도 용서하라는 뜻이 아니다. 한 번의 잘못에 대해서도 490번씩이라도 용서해야 한다는 뜻일 수도 있다고 그는 말한다. 그렇다. 우리는 한 잘못에 대해서도 반복해서 용서해야 한다. 참으로, 진심으로, 중심에서부터 온전히 용서하려면 그래야 한다. 진심으로 용서해도 시간이 지나면 미움이 다시 살아난다. 하지만 어느덧 더는 미워하지 않는 자신을 발견하게 될 것이다. 주님을 알아갈수록 자신이 죄인임을 절감하고, 의를 사모할수록 내게 의가 없음을 깨닫게 된다. 제자의 길은 용서의 길이다. 주님의 용서를 더욱 깨닫고 나도 기꺼이 용서할 줄 아는 사람이 되어가는 여정이다.

11. 위선에 대하여

마태복음 23장에는 주님이 "외식하는 서기관과 바리새인들"을 질타하시는 내용이 담겨있다. 주님은 인간의 연약함을 아셨고 죄인을 긍휼히 여기셨지만, 위선에 대해서만은 가혹하다 싶을 만큼 준엄하게 책망하셨다. 바리새인들은 율법을 철저히 지키려고 노력했으며 당대 백성들에게서 존경도 받던 지도자들이었다. 그런데 예수님에게서만은 "화 있을진저"라는 말로 시작하는, 저주에 가까운 책망을 들어야 했다. 주님은 위선을 가장 미워하신다. 따라서 제자의 길을 가려는 우리 역시 위선의 문제를 심각하게 다루어야 한다. 주님이 우리를 향해서도 "외식하는 자들이여"라고 분노하실 수 있기 때문이다.

바리새인들과는 다른 모습의 위선자를 먼저 생각해보자. 서양에서 위선자로 알려진 대표적인 인물은 프랑스의 희곡작가 몰리에르의 "타르튀프(Tartuffe)"라는 작품 속 주인공이다. 타르튀프는 경건을 가장하여 한 부자에게 접근해서 자신의 욕망을 채우려 했다. 그는 가장 종교적으로 헌신되어 있고 믿음이 좋은 사람 행세를 했지만, 실상은 전혀 믿음이 없는 사람이었다. 이

희곡의 영향으로 프랑스에서는 "타르튀프"가 위선자와 동의어로 쓰이고 있다. 하지만 타르튀프는 주님이 책망하신 바리새인들과는 많이 다르다. 타르튀프는 자신이 가짜라는 것을 누구보다도 잘 알고 있었지만, 바리새인들은 자신들이 실제로 경건하고 하나님을 기쁘시게 하는 자들이라고 생각했다. 타르튀프의 위선은 자신의 목적을 위해 거짓을 꾸미고 가장했던 것이라면, 바리새인들의 위선은 자신들이 겉으로 드러낸 모습과 또 실제 그러리라고 생각했던 자화상이 실상과 다른 자들이었다. 둘은 엄연히 다르다. 타르튀프는 위선보다는 사기에 가깝다. 우리는 남을 의도적으로 속이려고 하지 않기 때문에 자신은 위선자가 아니라고 생각하기 쉽다. 그러나 바리새인들의 위선이 더 심각하고 교묘한 것은 자기기만 현상 때문이다.

둘을 좀 더 비교해보자. 먼저 둘은 목적이 달랐다. 둘 다 선하고 종교적인 것처럼 보이기 원했지만, 타르튀프에게는 명예가 아니라 돈과 출세가 목적이었던 반면에, 바리새인들에게는 명예(남들의 칭찬) 자체가 목적이었다. 또 타르튀프는 자신이 선한 사람이라고 결코 생각하지 않았다. 하지만 바리새인들은 자신들이 선하다고 믿었고, 선을 추구하고 있다고 확신했다. 타르튀프가 남을 속이는 사기성 위선자였다면, 바리새인들은 남을 속이기 전에 스스로 속았던 자기기만성 위선자들이었다. 위선이란 무엇인가? 겉과 속이 다른 것이다. 겉으로 드러난 선한 모습과 그 내면적 실상이 다른 것이다. 단지 다를 뿐 아니라 속이는 것이다. 타르튀프는 남을 속였지만, 바리새인들은 남을 속이기에 앞서 자기 자신들부터 속였다. 타르튀프와 바리새인들 중 어느 쪽이 더 나쁜지는 우리의 관심이 아니다. 다만 어느 쪽이 우리가 빠지기 쉬운 함정이고 벗어나기 힘든 문제인지를 묻는다면, 당연히 바리새인들 쪽이다. 자기기만의 문제는 그만큼 간파하기 힘들고 교묘하다.

왜 자기기만의 위선에 빠지는가? 우리는 하나님을 사랑하고 바르게 살고 싶어 한다. 우리에게 이런 선한 소원이 있기에 우리는 자신이 선하다고 생각한다. 하지만 동시에 우리는 끊임없이 자기애의 유혹을 받고 있다. 이 유혹에 넘어가면 하나님과 선을 추구하려던 목적이 슬며시 자기추구로 변질된다. 이때 자기기만 현상이 생긴다. 자신의 이기적이고 자기중심적인 성향을 좇아 행하면서도 자신의 실상을 직면하고 싶지 않아서, 하나님을 위한다는 명분을 내세워 자기합리화를 하고, 그 뒤에 자신을 숨기곤 한다. 이 자기합리화야말로 자기기만이요 위선이다. 자기 욕심을 좇아 살면서도 하나님을 사랑하는 척 하는 것이다. 가끔은 그런 간극을 의식하지만, 그런 의식마저 억누른 채 자신에게조차 정직하지 못한 것이 우리의 실상이다. 거듭난 사람들, 성령님을 그 안에 모신 사람들은 이런 자기기만의 상태에 너무 오래 머물 수 없다. 성령님께서 끊임없이 지적해 주시기 때문이다. 우리는 자신을 속일 수 있을지 몰라도 내주하시는 성령님은 속일 수 없다. 성령께서 우리 마음을 아프게 찌르시고 우리의 실상을 드러내신다. 거듭난 사람은 죄와 거짓에서 벗어난 사람이기에 죄가 드러날 때 회개하고 위선이 적발될 때 자각하게 된다. 성령님이 우리 마음에 오시면 진실과 마주하게 된다. 그 첫 걸음이 자신의 위선을 깨닫는 일이다. 성령만이 위선에서 벗어나게 하실 수 있다. 예수님은 우리의 위선을 책망하실 뿐 아니라 우리가 그 위선에서 벗어나게 해 주신다.

12. 옛 사람과 옛 성품

바울은 갈라디아서 2:20에서 "내가 그리스도와 함께 십자가에 못 박혔나니 그런즉 이제는 내가 산 것이 아니요 오직 내 안에 그리스도께서 사신 것이라"고 고백한다. 그런가 하면 로마서 6장에서는 그리스도인은 죄에 대해 죽은 자들이며, 더는 죄에 거할 수 없다고 말한다. 그런데 많은 사람이 이 구절들을 잘못 해석하여 성화의 원리를 오해한다. 그들은 우리가 믿음으로 예수님과 연합하면 우리의 자아가 십자가에서 처리된다고 생각한다. 이 표현 자체는 큰 문제가 없다. 문제는 이 때 처리되는 자아가 무엇을 가리키는가이다. 만일 이 자아가 우리 안에 있는 죄성 또는 육신이라고 부르는 '옛 성품'을 가리킨다고 생각한다면 이는 잘못된 이해다. 이들은 자아가 죽었으니 우리 안에 옛 성품으로서의 자아가 더는 작용하지 않는 것으로 생각하며, 죄에서 벗어났다는 말을 더는 죄를 지을 수 없게 되었다는 뜻으로 본다. 하지만 실제 경험상 자아는 전혀 죽지 않았고 우리는 여전히 죄를 짓기 때문에 크게 당황하기도 한다.

십자가에서 그리스도와 함께 죽은 자아는 옛 성품이 아니라 옛 사람, 즉 예수 믿기 이전의 사람을 가리킨다. 우리가 예수님을 믿을 때 그때까지의 나는 그리스도와 함께 십자가에 못 박혀 죽은 것으로 간주해주신다는 뜻이다. 나는 그리스도를 통해 죄의 형벌을 다 받았고, 그 결과 죄에서 벗어났다. 죄에 대해 죽었다는 말은 이제 죄에 대해 빚진 것이 없어졌기 때문에 더는 죄가 나를 주관할 수 없게 되었다는 말이다. 이 옛 사람의 죽음은 내 안에서 일어나는 사건이 아니라 내 밖에서, 그리스도와 함께 십자가에서 일어난 사건이다. 이것은 신비스럽게 깨달아야 할 진리가 아니라 복음을 듣고 배워야 할 진리다. 그래서 바울은 "알지 못하느냐?"고 묻는 것이다. 우리가 예수님을 믿을 때 일어나는 변화 가운데 죽음은 법적으로 간주되는 것(신분의 변화)이고, 부활은 내 영이 살아나는 실제적 체험(상태의 변화)이다. 새 생명을 얻은 자는 그 안에 새 성품을 갖게 되고, 이 새 성품은 여전히 내 안에 남아있는 옛 성품과 갈등을 일으킨다. 우리는 옛 성품(육신)을 좇지 않고 새 성품(성령)을 좇아 행함으로써 주님의 생명을 실제로 맛보고 승리할 수 있다. 주님이 다시 오시고 우리의 죽을 몸이 부활할 때, 우리는 옛 성품으로부터 벗어나 온전히 영광스러운 하나님의 자녀가 될 것이다.

13. 성숙한 신앙인의 특징

히브리서의 저자는 성숙한 신앙인의 특징을 단단한 식물을 먹을 수 있는 것이라고 말한다(5:14). 여기서 단단한 식물은 어린 아이가 먹는 젖, 즉 그리스도의 도의 초보적 내용과 대조되는 것이며, 지각을 사용하여 선악을 분별할 줄 아는 훈련된 사람들이 깨닫고 소화할 수 있는 말씀의 깊은 차원을 의미한다. 저자는 멜기세덱에 관한 강론을 하는 중에 이 사실을 지적하는데, 그는 멜기세덱에 관한 말씀을 성숙한 그리스도인이 되어야 깨달을 수 있는 것으로 보고 있다. 그 이유는 무엇일까? 성경 저자들은 하나님의 계시를 받아 성경을 기록했으니, 그들은 모두 초자연적인 깨달음을 통해 기록할 것을 받았을 것이라고 생각하는 경향이 있다. 하지만 그렇지 않다. 모세가 시내산에서 율법을 받은 것은 그런 경우에 속할지 모르지만, 누가는 목격자들의 증언을 수집하는 등 직접 자료를 모으고 조사해서 복음서를 기록했다고 스스로 밝히고 있다. 히브리서의 저자가 그리스도를 멜기세덱에 관련지어 설명하는 부분도 마찬가지다. 그는 메시아 본문으로 알려진 시편 110편 4절 말씀을 깊이 묵상한 결과 구약의 전체 체계를 새롭게 바꾸시는 그리스도의 신분과 사역을 깨닫게 된 것이다. 그가 어떻게 그런 결론에 도달하게 되었는지를 살펴보자.

본문은 "여호와는 맹세하고 변치 아니하시리라. 이르시기를 너는 멜기세덱의 반차를 좇아 영원한 제사장이라 하셨도다"라고 말한다. 여기서 "너"는 메시아를 가리킨다. 그렇다면 메시아는 멜기세덱의 반차를 좇은 영원한 제사장으로 오신다는 뜻이다. 모세 율법에 의하면 제사장은 레위 지파 중 아론의 자손들만 맡을 수 있다. 그런데 예수님은 유다 지파의 자손으로 오셨다. 따라서 예수님은 아론의 제사장직과는 무관하신 분이다. 하지만 구약에는 아론의 제사장직 외에 또 다른 '한 제사장직'이 언급되고 있다. 바로 본문이 말하는 멜기세덱의 제사장직이다. 히브리서의 저자는 본문을 따라서 예수님은 아론이 아니라 멜기세덱의 반차를 좇은 제사장으로 오셨다고 말한다. 그는 예수님을 우리의 대제사장으로 소개하고, 그분의 죽음을 영원한 제사로 설명한다. 예수님은 아론의 제사장은 아니지만 그보다 더 우월한 멜기세덱의 제사장으로서, 자신을 제물로 바쳐 단번에 완전한 제사를 드리심으로써 우리의 속죄를 완성하셨다. 하지만 히브리서 저자의 논점은 여기에서 그치지 않는다. 그는 제사직분이 바뀌면 그 제사제도를 담고 있는 율법도 바뀌어야 하고, 또 율법이 바뀌면 그 율법을 근간으로 하는 언약도 바뀌어야 함을 지적한다. 따라서 예수님이 멜기세덱의 반차를 좇아서 오신 대제사장이시라면, 이제 아론의 제사장직의 근거가 되는 모세 율법도 바뀌어야 하고, 율법을 근간으로 하는 시내산 언약 전체가 바뀌어야 한다는 결론을 내릴 수밖에 없다. 그는 예수님의 사역이 바로 그 일을 이루신 것이라고 설명하면서 예레미야가 말한 새 언약으로 이어간다.

놀랍지 않은가? 시편 110편 4절 한 절에 이 모든 함의가 다 담겨 있었던 것이다. 히브리서의 저자는 이 말씀을 깊이 묵상한 결과 이 모든 결론에 도달할 수 있었다. 그는 예수님의 신분과 사역을 설명하기 위해 새로운 계시에 의존할 필요가 없었다. 이미 구약에 다 나와 있는 내용을 논리적으로 풀어서 합당한 결론에 도달했을 뿐이다. 히브리서 기자는 바로 이런 식의 묵상이 가능한 사람이 성숙한 신앙인이라고 말한다. 실상 신약의 저자들의 글을 읽어보면 그들은 전부 구약을 근거로 예수님에 대한 설명을 하고 있다. 바울이 그랬고, 베드로가 그랬고, 요한이 그랬다. 예수님도 자신의 사역을 다니엘 7장에 나오는 인자와 이사야에 나오는 고난의 종을 연결해서 이해하셨다. 주님은 시편 110편 1절을 인용하여 메시아에 대한 바리새인들의 천박한 이해를 흔들어놓기도 하셨다. 우리는 이분들이 하나님의 신비한 계시를 받아 새로운 진리를 깨닫게 된 것이라고 생각해서는 안 된다. 그러한 면도 많이 있지만, 이분들은 무엇보다도 구약에서 주어진 하나님의 말씀을 깊이 묵상하고 연구함으로써 신약을 알게 되었던 것이다.

요즘 성경말씀이 어렵다고 불평하면서 "쉽게 쉽게 좀 더 쉽게"만을 요구하는 분위기가 대세를 이루고 있는 것이 개인적으로는 우려스럽다. 신학자들이 현학적인 접근으로 말씀을 불필요하게 어렵게 만드는 경우도 있고, 우리의 지적 게으름이 원인이 되는 경우도 많다. 말씀에 대한 열의가 없는 것은 개인 성향의 문제가 아니라 영적 성숙도의 문제요 신앙의 자세의 문제임을 알아야 한다. 성숙한 신앙은 무엇보다도 말씀을 깊이 묵상하고 그 말씀에 깊이 뿌리내리는 신앙임을 잊지 말자.

14. 이미와 아직 사이

신앙생활에서 사람들이 갖는 오해는 하나님 나라의 이중구조를 바로 이해하지 못한 데서 기인할 때가 많다. 하나님 나라는 예수님의 초림으로 이미 시작되었지만 예수님의 재림 때까지는 아직 완성되지 않은 채로 있다. 따라서 지금은 하나님 나라와 이 세대가 공존하고 있으며, 하나님 나라의 자녀들은 한편으로 성령을 통해 하나님의 통치를 맛보고 기뻐하지만, 동시에 죄악된 세상에 살면서 고난을 당할 수밖에 없다. 우리는 이미 구원받았지만 아직 구원이 다 이뤄지지 않은 사람들이다. 주님이 다시 오시고 하나님 나라가 완전히 이 땅에 임할 때, 우리의 몸은 구속되고(몸의 부활을 입고) 구원은 완성될 것이다. 이는 이스라엘 백성들의 광야와 같다. 그들은 이미 애굽으로부터 나와 노예생활에서 벗어났지만 아직 가나안에 들어간 것이 아니었다. 그들은 광야를 지나면서 온전한 믿음의 사람이 되도록 하나님의 훈련을 받아야 했다. 우리 시대의 많은 그리스도인들이 기복주의에 빠지는 것은 이런 점을 오해하였기 때문이다. 가나안, 즉 새 하늘과 새 땅이 임하면 건강과 부뿐만 아니라 완전한 생명과 부족함 없는 풍요를 맛보게 될 것이다. 하지만 지금은 광야를 지나야 한다. 신명기는 광야생활의 의미를 이렇게 설명한다. "네 하나님 여호와께서 이 사십년 동안에 너로 광야의 길을 걷게 하신 것을 기억하라. 이는 너를 낮추시며 너를 시험하사 네 마음이 어떠한지 그 명령을 지키는지 아니 지키는지 알려 하심이라"(신 8:2). 광야생활은 훈련의 기간이며 그 목적은 이스라엘 백성을 낮추시는 데 있었다. 왜 그들을 낮추신다는 것은 무슨 뜻인가? 하나님의 통치에 온전히 순종하는 백성으로 창조한다는 뜻이다. 하나님만을 신뢰하고 의지하는 겸손한 사람이 되게 하시는 곳이 바로 광야였다. 하지만 이스라엘 백성은 이 하나님을 몰랐고 그 광야에서도 우상을 숭배하였다. 황금송아지 숭배 사건이 가장 대표적인 예다. 그들은 이 광야에서 하나님은 자신들이 원하는 대로 조정할 수 있는 분이 아니며, 오히려 자신들이 그분의 말씀대로 살아야 하는 존재임을 배워야 했다. 자신이 만드신 하나님이 아니라, 자신을 만드신 하나님을 섬겨야 했다. "너를 낮추시며 너로 주리게 하시며 또 너도 알지 못하며 네 열조도 알지 못하던 만나를 네게 먹이신 것은 사람이 떡으로만 사는 것이 아니요 여호와의 입에서 나오는 모든 말씀으로 사는 줄을 너로 알게 하려 하심이니라"(신 8:3). 광야는 하나님을 알고 나를 아는 공간이다. 이것이 오늘 우리에게 이미 이뤄진 하나님 나라와 아직 완성되지 않은 하나님 나라 사이, 즉 광야에서 살게 하신 이유다.

15. 기도와 전도

내가 그리스도인의 삶에 대한 체계적인 가르침을 처음 접한 곳은 네비게이토 선교회에서 가르치는 수레바퀴 예화였다. 이 예화에 의하면 그리스도는 중심축에 해당되고, 그리스도인의 순종하는 생활은 바깥 테에 해당된다. 그리고 중심축의 힘을 바깥 테에 전달하는 네 개의 살은, 수직 방향으로 말씀과 기도, 수평 방향으로 교제와 증거를 뜻한다. 이 수레바퀴는 그리스도인의 삶의 기본적인 원리를 균형 있게 잘 가르쳐주는 탁월한 예화다.

언젠가 네비게이토 선교회에 오래 몸담고 계셨던 어떤 목사님과 대화하던 중 그분이 다음과 같이 말씀하시는 것을 듣고 크게 공감한 적이 있었다. "사람들은 대개 성경공부는 좋아하지만 기도 모임에는 잘 오지 않는다. 모여서 교제하는 일은 즐거워하지만 흩어져서 전도하는 일은 잘 하지 않는다." 그때 그 말씀에 공감했던 것은 바로 내 자신의 모습이 그러했기 때문이었다. 나는 성경을 공부하고 다른 그리스도인들과 교제하는 일은 즐겨하는 편인데, 기도하고 전도하는 일에는 늘 부담을 느끼고 있었던 것이다.

복음서를 보면 기도와 전도는 우리 주님의 기본 생활패턴이었음을 알 수 있다. 주님은 새벽 오히려 미명에 한적한 곳으로 가서 기도하신 후, 다시 제자들에게 오셔서 이웃 마을로 전도하러 가자고 말씀하신다. 주님의 삶의 리듬은 바로 이 두 활동의 반복이었다. 혼자 계실 때는 기도하셨고, 다른 사람들과 함께 계실 때는 하나님과 천국복음을 증거하셨다. 바울도 골로새서 4장에서 기도와 전도에 대해 권면하고 있다. 그리스도인의 삶은 두 관계 안에서 이루어진다. 하나님과의 관계와 이웃과의 관계. 이 두 관계의 기본원리는 사랑이다. 우리는 하나님을 사랑하고 이웃을 사랑하며 살아야 한다. 그런데 그 사랑을 표현하는 구체적인 행동이 바로 기도와 전도이다. 여기서 한 가지 강조하고 싶은 것은 기도는 언제나 말씀을 포함하고 전도는 언제나 봉사를 포함한다는 것이다. 기도와 말씀은 분리될 수 없다. 기도는 하나님과의 교제요 대화이며, 언제나 하나님의 말씀을 묵상하고 듣는 것이 전제되어 있다. 또 전도는 하나님의 사랑을 증거하는 것이라고 하니 말 뿐 아니라 행동으로도 이루어져야 하며, 행동으로 사랑을 증거하는 것이 봉사이다. 영적으로 깨어 있다는 것은 기도와 전도에 힘쓴다는 뜻이다. "모이면 기도하고 흩어지면 전도하자." 이젠 고전이 된 이 표어가 요즘 절실하게 다시 다가온다.

16. 십자가를 바라볼 때

아이작 왓츠(Isac Watts)가 작사한 찬송가 147장은 언제 불러도
마음에 감동을 준다. "주 달려 죽은 십자가 우리가 생각할 때에
세상에 속한 욕심을 헛된 줄 알고 버리네." 한 절 한 절 음미하
며 부르다 보면 어느덧 눈물이 흐른다. 이 찬송만이 아니라 십
자가에 대한 찬송들은 큰 감동을 준다. 왜일까? 그건 십자가에
서만큼 우리 죄인들을 향한 하나님의 사랑과 용서가 극명하게
드러나는 곳이 없기 때문일 것이다. 십자가는 우리의 존재의 심
연에 자리 잡고 있는 가장 큰 필요를 채워준다. 하나님의 용서
를 체험하고, 하나님과 화목된 관계에 들어가고 싶어 하는 인간
의 근원적 욕구 말이다. 죄로 인해 하나님과 분리된 인간은 한
편으로 하나님의 진노를 두려워하고, 다른 한편으로는 잃어버
린 하나님과의 사랑의 교제에 목말라 하고 있다. 십자가를 바라
볼 때, 우리는 하나님의 진노가 사랑으로 바뀌는 것을 보게 된
다(롬 1:18; 8:39). 하나님의 사랑은 추상적이지 않고 구체적이다.
관념적이지 않고 역사적이다. 나를 위해 살을 찢기고 피를 흘리
신 사랑, 버림받고 모욕당하신 사랑, 끝내 우리 대신 아버지로

부터 외면당하신 아들의 사랑, 자기 아들을 우리를 위해 내어놓으신 아버지의 애끓는 사랑, 십자가를 바라볼 때 우리는 하나님의 그 사랑을 본다.

하나님이 전능하시고 선하시다면, 왜 세상에 이토록 악과 고통이 많은 것이냐고 사람들은 묻는다. 기독교 신관에 대해 이보다 더 예리한 도전은 없다. 악의 문제에 대해 하나님을 변호하는 것을 신정론(theodicy)이라고 하는데, 그 궁극적인 해답은 역사 너머 심판대 앞에서 주어질 것이다. 그러나 그 전에 하나님은 이미 십자가를 통해 대답하셨다. 하나님은 이 세상의 악에 초연하지도, 무관심하지도 않으신다. 오히려 그 악의 횡포를 자신의 온 몸으로 받으셨고, 부활을 통해 악에 대한 궁극적 승리를 선포하셨다. 십자가를 바라볼 때, 우리는 그 하나님을 본다. 우리의 아픔 한 가운데 들어오신 하나님, 죄와 죽음의 자리에 우리와 함께 하시고 거기서 우리를 건져주시는 하나님을. 하나님의 사랑이 의심되는가? 공의가 실행되지 않아 불평이 생기는가? 어느새 마음이 강퍅해지고 교만해져 있는가? 세상에 대한 욕심으로 미혹을 받고 있는가? 십자가를 바라보라. 거기 달리신 주님을 바라보라. "나를 사랑하사 나를 위하여 자기 몸을 버리신 하나님의 아들"을 바라보라. 십자가를 바라볼 때, 모든 의심과 불평, 교만과 욕심이 사라질 것이다.

17. 왜 새 계명인가?

성경은 "서로 사랑하라"는 계명을 옛 계명과 동일한 듯이 말하기도 하고 또 새 계명으로 구분해서 보기도 한다. 성경을 주의 깊게 묵상하지 않으면, 옛 계명과 새 계명을 혼동하기 쉽고, 새 계명의 참 뜻을 놓치기 쉽다. 다시 한 번 "서로 사랑하라"는 계명이 왜 새 계명인지를 살펴보자.

요한은 이렇게 쓰고 있다. "사랑하는 자들아, 내가 새 계명을 너희에게 쓰는 것이 아니라 너희가 처음부터 가진 옛 계명이니 이 옛 계명은 너희의 들은 바 말씀이거니와 다시 내가 너희에게 새 계명을 쓰노니 저에게와 너희에게도 참된 것이라. 이는 어두움이 지나가고 참 빛이 벌써 비췸이니라"(요일 2:7-8). 그는 사랑의 계명을 옛 계명으로 부르기도 하고 새 계명으로 부르기도 한다. 이 둘의 차이는 그 내용에 있는 것이 아니라, 그 계명이 주어지는 상황에 있다. 즉 새 계명은 어두움이 지나가고 참 빛이 비치고 있기 때문에 새 계명이 된다는 것이다. 여기서 참 빛이 비친다는 것은 새 시대가 되었음을 의미한다. 이 새 시대는 새 언약의 시대다. 주님이 오셔서 당신의 죽음과 부활을 통해 당신의 백성을 구속하시고, 그들을 새 언약의 백성으로 삼으신 시대라는 것이다. 따라서 사랑이라는 계명의 내용 자체는 같지만, 새 언약 안에서는 그 대상에 차별성이 생긴다. 우리는 먼저 새 언약의 백성 된 자들 사이에서 서로 사랑해야 한다. 이웃 사랑과 원수 사랑도 여전히 우리의 의무이지만, 우리는 먼저 주님의 몸의 지체들끼리 서로 사랑해야 한다. 요한도 위의 말씀에 이어 "형제 사랑"을 말한다. 서로 사랑하라는 것은 단지 이웃에게 선을 행하라는 것이 아니라, 주님 안에서 지체들끼리 하나가 되라는 말이다. 바울도 지체들 간의 사랑의 우선성을 말한다(갈 6:10).

새 계명은 대상 뿐 아니라 기준과 동력에 있어서도 새롭다. 이웃 사랑의 기준이 내가 나를 사랑하는 것이었다면, "서로 사랑"의 기준은 주님이 우리를 사랑하신 것처럼 사랑하는 것이다. 주님은 먼저 우리에게 당신의 사랑을 십자가를 통해 부어 주셨다. 우리도 우리가 받은 이 주님의 사랑을 좇아 서로 희생적으로 사랑해야 한다. 주님의 사랑은 "서로 사랑"의 기준이 될 뿐 아니라 동력이 된다. 주님의 사랑을 참으로 받은 사람들이라면 서로 사랑하지 않을 수 없기 때문이다.

하나님에 대하여

18. 하나님에 대한 오해

나는 기독교를 반대하거나 무신론적 입장에 선 사람들의 글을 즐겨 읽는 편이다. 같은 세상을 살면서 정반대의 주장을 하는 사람들의 관점과 이유가 궁금하기 때문이다. 그들의 글에 동의하지 못하는 부분이 많지만, 다른 한편으로 믿는 사람들의 글에서는 느낄 수 없는 신선함을 맛보기도 한다. 나에게도 의문으로 남았던 문제들이나 고민하던 문제들에 대해 마치 "임금님 귀는 당나귀 귀요!"라고 소리치는 듯한 솔직함과 통쾌함을 느낀 것이다. 그런 글들은 내 신앙을 돌아보게 하고, 내가 믿는 이유를 좀 더 솔직하게 되새기는 데 도움을 준다. 기독교 신앙에 대해 관심이 없는 사람들보다는 확실한 이유로 반대를 표명하는 이들을 대할 때가 더 편하다.

그들은 대체로 하나님을 오해하고 있다. 물론 기독교 교리 중에는 이해하거나 소화하기 힘든 것들이 있다. 예정론과 지옥의 교리 같은 것들이 그렇다. 기독교 안에서조차 논란이 많은 교리들이 아닌가? 하지만 특별히 믿지 않는 자들에게 걸림이 되는 교리는 악의 문제다. 선하고 전능하신 하나님이 계시다면,

어째서 그는 세상에 만연한 악을 해결하지 못하시느냐고 그들은 묻는다. 또 그들은 타락의 교리를 부인하고 마치 모든 책임과 잘못이 하나님께만 있는 듯이 투정한다. 나는 이들에게 C. S. 루이스의 "고통의 문제"를 읽어보라고 권한다. 나는 악의 문제를 다른 관점에서 접근하고 싶다. 만일 하나님이 계시지 않다면, 이 악의 문제야말로 우리를 가장 깊은 절망에 빠뜨리는 문제가 된다는 것이 내 생각이다. 세상에는 분명히 악이 있다. 홍수, 가뭄, 지진, 쓰나미 등의 자연적 악도 있고, 전쟁, 살인, 인권탄압, 인종차별 같은 도덕적 악도 있다. 만일 이 모든 악의 현상이 우연한 것이고, 적자생존, 약육강식이라는 세상의 냉혹한 현실을 반영하는 것일 뿐이라면, 즉 존재하는 것은 자연뿐이고, 그 자연의 속성이 그러할 뿐이라면, 우리는 불평해도 소용 없고 상태가 더 나아지리라고 기대할 수도 없다. 악의 문제야 말로 오히려 하나님이 반드시 계셔야 하는 이유를 보여주는 역설적 증거라고 생각한다. 언젠가 이 모든 현상의 이유가 밝혀지고, 반드시 악과 고통이 끝이 날 것이라는 소망을 가질 수 있는 근거는, 우주를 창조하시고 섭리하시며 그 만물을 새롭게 하시는 하나님이 계시다는 사실에 있다. 우리 주 예수 그리스도께서 보여주신 하나님은 악인까지 사랑하셔서 해와 비를 똑같이 내려주시는 자비로우신 분이다. 그런데 왜 그 하나님이 그토록 오해되고 있는 것일까?

인간의 가장 큰 문제는 바로 하나님에 대한 오해다. 이 오해야말로 인간의 타락의 근본 원인이었다. 사탄은 선악을 알게 하는 나무의 실과를 따먹지 말라고 명하신 하나님의 의도를 왜곡했고, 하나님은 인간의 선을 원치 않으신 분이라도 되는 듯한 오해와 불신을 아담의 마음에 심는 데 성공했다. 그러한 사탄의 전략은 지금도 변하지 않았다. 무신론자들이나 기독교를 반대하는 사람들은 모든 증거를 객관적으로 살펴본 후에 하나님이 안 계시다고 결론을 내린 것이 아니다. 기독교의 하나님은 선이 아니라 악에 더 가깝기 때문에 존재해서는 안 된다고 주장하고 있다. 물론 성경의 가르침에 따르면, 인간의 반항과 불신의 배후에 사탄의 역사가 있다(고후 4:3-4). 하나님의 아들 예수님은 바로 이러한 하나님에 대한 오해를 바로 잡기 위해 이 세상에 오셨다. 그분은 친히 십자가를 지심으로써 이 세상의 악과 고통에 동참하셨고, 하나님이 악의 문제에 초연하지도 않으시고 방관하지도 않으신다는 것을 증거하셨다. 누구보다도 그 악한 세상과 인간으로 인해 아파하시고 슬퍼하신다는 것을 증거하셨다. 세상에 충만한 악을 친히 그 몸에 받으심으로써 그 악을 해결하신 사건이 바로 십자가다. 그리스도인은 바로 그 사랑을 받고 하나님에 대한 오해에서 벗어난 사람들이다. 그렇다면 이제 우리가 해야 할 일은 분명하다. 하나님에 대한 오해를 벗기는 것이다. 하나님은 사랑이시며 선이신 것을 체험한 우리가 사랑과 선을 실천하여 그 하나님의 실재를 보여주는 일이다.

19. 그리스도를 아는 지식

그리스도의 제자가 되는 것은 세상에서 가장 영광스러운 일이다. 그것과 비교할 수 있는 영광도 없고 기쁨도 없다. 그리스도를 알고 그분의 제자가 되어 그분을 따르는 삶보다 더 가치있는 것은 세상에 없다. 고등학생 때의 일이다. 건강상의 이유로 학교를 쉬고 있던 어느 날 밤, 나는 잠이 오지 않아 뒤척이다가 내 마음 속 깊은 곳에서 떠나지 않던 한 가지 고민을 붙잡고 씨름하게 되었다. 신앙에 관한 것이었다. 주님을 믿고 있었지만 체계적인 성경공부나 양육을 받지 못했기에 나에게는 구원의 확신이 없었고, 나는 처음 주님을 만났을 때의 감격적인 체험을 다시 구하고 있었다. 그 때 내 고민의 핵심은 주님과 나 사이의 불확실한 관계였다. 그 날 밤 나는 주님이 어떤 분이신지를 생각하면서 그분을 따르는 삶에 대해 상상했다. 주님처럼 나도 사랑과 선을 실천하면서 오직 하나님의 뜻만을 추구하며 의의 길을 가는 모습을 그려보았다. 점점 벅찬 감격에 사로잡히게 되었고, 정말 그렇게 살 수만 있다면 얼마나 좋을까 하는 마음에 밤새 설레인 마음을 가눌 길 없었다. 지금 생각해보면, 그 날의 감격이 주님을 향한 사모함 때문이었는지, 아니면 주님을 따르는 내 모습에 도취하였기 때문인지는 분명하지 않다. 그 순간에도 나는 '내가 주님의 제자로 자처해도 되는가'하는 고민이 있었다. 나는 주님을 따르고 싶은데 주님 편에서 나를 아시고 인정해 주실까, 나를 제자로 받아주실까, 물으니 자신이 없었기 때문이다.

헤세의 소설 데미안에 다음과 같은 내용이 있다. 주인공 싱클레어는 데미안을 만나 선악을 초월한 신 아프락사스에 대해 알게 된다. 그 후 싱클레어는 교회의 오르간 반주자인 피스토리우스를 만나게 되는데, 그는 싱클레어에게 아프락사스라는 신은 결코 우연히 알게 될 수 없다고 말한다. 나는 헤세의 범신론에 동의하지 않을 뿐 아니라 구원은 선악을 초월하는 데 있지 않고 선을 추구하는 데 있다고 믿는다. 따라서 아프락사스를 참된 신으로 생각하지 않는다. 하지만 그 신을 알게 되는 것은 우연히 되는 일이 아니라는 그 말에서는 신비한 감동을 받았다. 나는 그리스도를 알게 되는 것이야말로 우연히 되는 일이 아니라고 생각한다. 그리스도의 실상이 무슨 비전(秘傳, esoteric knowledge, 외인들에게는 감추어진, 내밀히 전수되는 지식)이란 말은 아니다. 그리스도가 어떤 분이신지는 사도들의 증거를 통해 성경에 이미 나와 있고, 누구나 읽고 알 수 있다. 하지만 공개적으로 알려진 그리스도이시지만, 그분을 인격적으로 아는 것은 아무에게나 가능한 일이 아니다. 주님도 이렇게 말씀하셨다. "나를 보내신 아버지께서 이끌지 아니하면 아무라도 내게 올 수 없으니"(요 6:44). 내가 그리스도를 믿게 된 것은 내 스스로 한 일이 아니라, 하나님 아버지께서 나를 이끄셨기에 가능했다는 말이다. 그리스도에 대해 아는 사람들은 많지만, 그분을 인격적으로 만난 사람은 의외로 많지 않다. 그리스도를 마음에 모신 사람들, 그리스도께서 그 안에 거하시는 사람들에게는 어떻게 그 일이 가능했을까? 성령께서 그들의 마음을 열어주셔서 그리스도의 영광을 보게 해 주셨기 때문이다. 그리스도를 믿는 것, 그분을 아는 것은 하나님이 베푸시는 은혜다.

그리스도를 알고 그분의 제자가 되는 것처럼 영광스러운 일은 없다. 그리스도를 누구보다도 깊이 알았던 바울은 이렇게 고백했다. "그러나 무엇이든지 내게 유익하던 것을 내가 그리스도를 위하여 다 해로 여길뿐더러 또한 모든 것을 해로 여김은 내 주 그리스도 예수를 아는 지식이 가장 고상함을 인함이라"(빌 3:7-8). 그리스도를 아는 것이 얼마나 영광된 일인지 모르는 사람은 그리스도의 비밀을 깨닫지 못한 사람이다. 그 비밀을 안 사람들은 "예수를 [너희가] 보지 못하였으나 사랑하는도다. 이제도 보지 못하나 믿고 말할 수 없는 영광스러운 즐거움으로 기뻐"한다(벧전 1:8). 그리스도의 비밀은 무엇인가? "예수 그리스도의 얼굴에 있는 하나님의 영광을 아는 빛"이다(고후 4:6). 그리스도를 볼 때 하나님을 보는 것이다. 하나님의 거룩하심, 선하심, 의로우심, 은혜와 사랑을 보는 것이다. 하나님이 인간의 모습으로 나타나셨다고 밖에는 달리 설명할 길 없는 인격의 기적을 보는 것이다. 그리스도의 영광을 본 사람은 그분의 제자가되지 않을 수 없다. 그리고 그분을 따를 수 있게 된 그 한 가지사실 때문에, 그 어떤 상황에서도 기뻐하고 즐거워한다.

20. 독생자의 영광

크리스마스는 내 마음에 기쁨과 평화를 준다. 특별히 "고요한 밤, 거룩한 밤"이라는 찬양을 부를 때면 마음이 고요해지면서 주님의 임재로 인해 내 마음에 평화가 깃드는 것을 느낀다. 참으로 신비한 현상이다. 이런 나에게 현란한 장식과 분주한 쇼핑몰로 대표되는 오늘의 크리스마스의 모습은 참으로 바라보기 힘들다. 이런 느낌은 소비주의와 상업주의에 놀아나는 이 시대의 경박함을 향한 경멸만은 아니다. 그보다는 내게는 너무나 소중한 그 무엇, 너무 고귀한 그 무엇의 가치가 마구 짓밟히고 훼손되는 것 같아 생기는 불편함과 속상함이다. 그렇다면 내가 그토록 소중하게 여기고 고귀하게 생각하는 그 무엇이란 어떤 것인가?

요한은 예수님의 오심에 대해 이렇게 쓰고 있다. "말씀이 육신이 되어 우리 가운데 거하시매 우리가 그 영광을 보니 아버지의 독생자의 영광이요 은혜와 진리가 충만하더라"(요 1:14). 독생자의 영광, 이것이 내가 소중하게 생각하는 바로 그 무엇이다. 바울 식으로 표현하면, "예수 그리스도의 얼굴에 있는 하나님의 영광을 아는 빛"이다(고후 4:6). 제자들이 예수님을 보았을 때, 그들은 태초부터 계신 말씀, 하나님과 함께 계셨고 또한 하나님이셨던 그분이 육신이 되어 자기들 가운데 장막을 치고 거하시는 것을 보았다. 그분의 얼굴에 드러난 충만한 은혜와 진리를 보았다. 광야의 성막에 나타났던 하나님의 영광과 비교할 수 없는 영광이 그리스도의 얼굴에 나타났다. 모세가 하나님께 그분의 영광을 보여 달라고 간구했을 때, 하나님은 당신의 뒷모습을 보여주시면서 "여호와로라 여호와로라 자비롭고 은혜롭고 노하기를 더디하고 인자와 진실이 많은 하나님이로라"라고 반포하셨다(출 34:6). 은혜와 진리는 다름 아닌 하나님의 인자(언약적 사랑)와 진실(언약적 신실하심)을 가리킨다. 제자들이 예수님을 보았을 때, 그들은 하나님의 언약적 사랑과 그 언약을 반드시 지키시는 신실하심을 본 것이다. 이것이 독생자의 영광이다. 죄와 사망의 그늘에 앉은 인간에게 하나님은 당신의 독생자를 보내주셨고, 그 독생자 예수님은 우리에게 하나님의 인자와 진실을 보여주셨다. 이 독생자의 영광을 보지 못한다면, 크리스마스는 아무 것도 아니다. 하지만 그 영광을 보는 자들에게는 하늘의 평화와 기쁨이 넘칠 것이다.

21. 성령에 대하여

"우리가 세상의 영을 받지 아니하고 오직 하나님께로 온 영을 받았으니 이는 우리로 하여금 하나님께서 우리에게 은혜로 주신 것들을 알게 하려 하심이라."(고전 2:12)

그리스도인의 표지는 무엇인가? 성령님이다. 성령님을 모신 사람만이 참된 그리스도인이라는 뜻이다. 복음주의 신앙의 세 가지 핵심요소는 권위의 근거로서의 성경, 구원의 유일한 길로서의 십자가, 그리고 성령님에 의한 중생이다. 이 중 앞의 두 가지를 인정한다 해도 마지막 요소인 성령님에 의한 중생이 이루어지지 않는다면, 참된 그리스도인, 살아있는 그리스도인이라고할 수 없다. 그리스도인은 무엇보다도 하나님으로부터 온 영을받은 사람이다. 교리적으로 성경과 십자가를 인정한다 해도 성령님을 모시지 않은 사람은 머리로만 인정하는 관념적 그리스도인에 지나지 않는다. 이런 사람은 세상의 영, 즉 세상적인 가치관과 타락한 인간본성을 좇아 사는 사람이다. 이런 사람은 하나님의 일을 알지 못하고 깨닫지 못한다. 그의 영의 눈이 가려져 있기 때문이다. 하나님으로부터 온 영, 즉 성령님을 모신 사람만이 하나님의 일을 알 수 있다. 성령님께서 그 눈을 열어주셨기에 볼 수 있게 된 것이다.

그렇다면 성령님이 우리로 보게 하시는 것은 무엇인가? 여러 가지가 있지만, 바울은 여기서 "하나님이 우리에게 은혜로 주신 것들"을 말한다. 그는 "기록된 바 하나님이 자기를 사랑하는 자들을 위하여 예비하신 모든 것은 눈으로 보지 못하고 귀로도 듣지 못하고 사람의 마음으로도 생각지 못하였다 함과 같으니라"(9절)라고 쓰고 있다. 사람들이 기독교의 영광을 보지 못하는 것은 바로 이 때문이다. 그들에게는 하나님이 신자들에게 은혜로 베푸시는 구원의 영광이 보이지 않는 것이다. 기껏해야 세상에서 돈 많이 벌고, 육체의 쾌락을 즐기고, 사람들의 인정을 받고, 건강하게 오래 사는 것 정도가 최고의 행복이라고 생각하는 수준에서는 하나님의 거룩하심을 알고 그분의 무한한 사랑과 은혜를 맛보며 성령 안에서 의와 평강과 희락을 누리는 것이 무엇인지 알 수 없다.

하나님은 우리로 당신의 거룩하심과 영광에 참여하게 하신다. 이 놀라운 은혜를 성령님을 통해서 깨닫게 하신다. 성령님을 모신 사람의 특징은 무엇인가? 바로 이 내적 조명의 결과로 가치관과 소원이 바뀜으로써 장차 올 영광을 사모하며 환난 중에도 즐거워하는 것이다. 거룩한 영이신 성령이 없는 거룩한 성도는 없고, 진리의 영이신 성령이 없는 거룩한 말씀에 대한 깨

달음이 없고, 생명의 영이신 성령이 없는 부활에 대한 소망이
없으며, 평화의 영이신 성령이 없는 진정한 평강과 샬롬의 삶은
없다. 성령이 없는 성도의 삶은 없다.

"오직 성령의 열매는 사랑과 희락과 화평과 오래 참음과 자비와 양선과 충성과 온유와 절제니 이 같은 것을 금지할 법이 없느니라."(갈 5:22-23)

주님은 다락방에서 제자들과 마지막 만찬을 나누실 때 특별히 열매에 대해 강조하셨다. 우리가 주님 안에 거하면 많은 열매를 맺게 될 것이며, 그 결과 아버지께서 영광을 받으시고, 사람들이 우리를 예수님의 제자로 알게 될 것이다. 그렇다면 열매란 무엇인가? 열매란 그리스도께서 우리 안에 사심으로써 그분의 생명이 우리를 통해 드러나는 것이다. 어떤 이들은 전도의 열매를 말하는데, 그보다는 증거의 열매라고 해야 옳다. 우리가 복음을 전했을 때, 그것을 들은 사람이 믿고 안 믿는 것은 우리의 영적 실력에 달린 것이 아니라, 하나님의 주권에 달린 것이기 때문이다. 하지만 우리를 통해 그리스도의 모습이 분명히 나타났다면, 전도대상자의 반응 여부와 관계없이 우리는 바른 증거의 열매를 맺었다고 말할 수 있다. 그렇게 볼 때 증거의 열매는 다름 아닌 품성의 열매요, 여기서 바울이 말하는 성령의 열매다. 성령님은 우리 안에 그리스도의 형상을 회복시키시고 그리스도의 품성을 형성시키신다. 성령의 열매는 바로 이 그리스도의 품성이 드러나는 것이다.

그렇다면 어떻게 이 성령의 열매를 맺을 수 있는가? 존 스토트 목사님은 두 가지를 지적하신다. 첫째, 성령의 열매는 우리의 자연적인 성품이 계발되는 것이 아니라 초자연적인 주님의 성품이 드러난다는 점이다. 예를 들면, 온유한 성품을 타고난 사람이 성령을 통해 그 성품을 드러내는 것이 아니라, 성령의 지배를 받음으로써 온유한 사람이 되는 것이다. 따라서 성령의 열매를 맺으려면 무엇보다도 성령의 지배를 받아야 한다. 둘째, 성령의 열매는 자연적인 성장과정을 거친다는 것이다. 바울이 열매의 비유를 사용한 것은 열매의 특성과 그리스도의 성품 사이에 유사점이 있기 때문이었다. 그것은 뿌린 대로 거둔다는 것과 오랜 시간이 걸리는 점진적인 과정을 거친다는 것이다. 바울은 6장에서 심는 대로 거두게 하시는 하나님의 법칙을 말한다. 성령의 열매를 거두려면 육체가 아니라 성령을 위해 심어야 한다. 또 열매는 하루아침에 거둘 수 없다. 때가 이르러야 한다. 믿음으로 인내하며 꾸준히 성령을 위해 심어갈 때(성령님의 지배를 받으며 선을 행하며 살아갈 때), 그리스도의 성품인 성령의 열매가 우리를 통해 드러나게 될 것이다.

23. 하나님을 아는 지식

인간의 존재 목적이 하나님을 알고 영화롭게 하며 그분을 만끽하는 것이라는 말에 그리스도인이라면 누구든 동의할 것이다. 성경이 말하는 신앙은 율법과 교리의 차원을 넘어 살아계신 하나님과의 인격적인 사귐과 관계적인 앎이라는 말에도 동의할 것이다. 하지만 이 말은 무슨 뜻인가? 흔히들 기독교 신앙을 무엇을 행하느냐를 중시하는 행동적 율법(도덕)주의로 보거나, 아니면 무슨 지식을 믿고 안 믿고의 문제를 다루는 교리적 정통주의로 축소시키려는 경향이 있다. 나는 이 두 차원을 모두 반대하는 것이 아니다. 어떤 점에서 이 둘은 다 중요하다. 기독교 신앙은 바른 교리와 바른 품행을 모두 포함하고 있다. 하지만 여기서 그쳐서는 안 된다. 우리의 신앙은 머리(교리)와 몸(품행)의 차원 뿐 아니라, 마음(동기)과 영(생명)의 차원을 포함하고 있다. 따라서 우리는 어떤 행동 이전에 행동의 동기를 먼저 살펴야 한다. 우리는 어떻게 바른 동기와 진실한 마음을 가질 수 있는가? 이는 영적으로 거듭날 때만 가능하다. 성령께서 우리의 죽은 영을 그리스도와 함께 살리실 때, 하나님은 우리에게 새 마음과 새 영을 주신다. 새 마음을 가진 자는 자기 안의 옛 성품(죄)을 깨닫고 그것을 미워하게 되며, 새 영을 가진 자는 하나님께 대한 새로운 자각과 갈망을 갖게 된다. 도덕적 차원이 단지 양심의 문제라면, 영의 차원은 성령을 통한 중심의 변화의 문제이다. 율법과 교리의 차원은 거듭나지 않은 사람에게도 일반은총으로 가능하다. 하지만 이들은 하나님과의 생명의 관계, 즉 인격적 교제를 체험하지 못한다. 특별 은총(구원/거듭남)을 체험할 때만 하나님과 연합하게 되고, 하나님의 생명을 가짐으로써 하나님과의 영적 교제가 가능해진다. 이 영적 교제는 한편으로는 성령께서 주관하시는 일이고, 다른 한편으로는 우리가 믿음으로 하나님께 나아감으로써 구체적으로 실현된다.

그리스도인 중에도 하나님을 아는 것에 대해 오해하는 사람이 많다. 하나님을 아는 것을 단지 추상적이고 관념적인 정신상태로 여기든지, 아니면 신비체험을 통해 강렬하게 감각하는 것으로 생각한다. 하지만 이것은 하나님을 아는 것의 본질이 아니다. 하나님을 아는 지식이란 무엇이며, 그 일은 어떻게 가능한가? 나는 삶과 마음의 두 가지 측면을 소개하고자 한다. 첫째는 삶의 체험이다. 우리는 삶에서 하나님의 살아계심과 역사하심을 구체적으로 체험할 수 있다. 기도응답을 통해 하나님이 나와 동행하심을 알 수 있고, 말씀묵상과 기도에 힘쓰면서 하나님의 인도를 따라 살려고 할 때 우리 삶에서 일어나는 많은 일들이 어떤 보이지 않는 영적 질서를 따라 형성되고 있음을 알게 된다. 이런 삶의 체험이 있는 사람들에게 하나님은 막연한 존재가 아니라 생생히 살아계시고 삶에 구체적으로 개입하시는 분으로 다가온다. 이들은 하나님의 실재를 확신하며, 그분과의 관계를 더 깊이, 더 긴밀히, 더 친밀하게 유지하기 위해 경건에 힘쓴다.

둘째는 마음의 깨달음과 변화이다. 하나님의 성품을 마음으로 깨닫고 공감함으로써 그것에 동화되고 하나님을 닮아가게 된다. 이것은 성령께서 내 마음 속에서 이루시는 일이다. 하나님의 거룩하심을 내 마음에 깨달으면, 나도 그 거룩함을 사모하게 되고, 나도 모르게 조금씩 하나님의 거룩하심을 닮게 된다. 하나님이 죄를 미워하시듯 나도 죄를 미워하게 되고, 하나님이 선한 뜻을 이루시듯 나도 선을 갈망하게 된다. 하나님의 사랑을 깨달으면 그 사랑에 사로잡히고, 하나님과 이웃을 사랑하고 그 사랑의 힘으로 고난을 이길 수 있게 된다.

이렇듯 하나님을 아는 것은 하나님의 성품을 구체적으로 깨닫고 닮아가는 일이다. 여기서 중요한 것은 참된 깨달음은 공감과 동화를 가져온다는 사실이다. 공감과 동화가 없는 앎은 머리만의 지식일 뿐이다. 물론 하나님을 아는 것은 이성적인 지식에서, 즉 성경을 통해 하나님을 배움으로써 시작한다. 하지만 거기서 더 나아가 그 지식을 성령께서 우리 마음에 깨닫게 해주시면, 우리의 마음이 하나님의 마음과 일치되고 공감되고 동화되는 것이다.

하나님을 아는 것은 하나님의 성품을 아는 것이다. 종교개혁자들이 말했듯이, 그것은 변화되고 하나님을 닮아가는 일이다. 하나님의 마음을 알고 그 마음을 품었기에, 우리는 하나님처럼 생각하고 느끼고 원하게 된다. 따라서 하나님을 아는 지식은 성화와 분리될 수 없다. 삶의 체험과도 분리될 수 없다. 마음으로 하나님을 깨달은 사람은 삶에서 하나님께 순종하게 되고, 그 결과 구체적으로 하나님을 더 새롭고 풍성하게 체험하게 된다. 삶의 체험과 마음의 변화는 같이 가며, 둘 다 성경에 근거한다. 이제 우리도 하나님을 아는 지식에 이르기 위해 말씀을 묵상하자. 성령께서 깨닫게 해 주시도록 기도하자. 마음과 삶으로 하나님을 체험하자.

24. 삼위일체 하나님

"삼위일체 하나님에 대해서 유식하게 말한다 해도, 겸손하지 못해서 삼위일체 하나님을 기쁘시게 하지 못한다면, 무슨 유익이 있습니까? 참으로 사람을 거룩하고 의롭게 만드는 것은 배움이 아닙니다. 오히려 하나님을 기쁘시게 하는 것은 덕스러운 삶입니다. 나는 참회가 무엇인지 설명할 수 있기보다는 차라리 참회의 심정을 느끼고 싶습니다."

토마스 아 켐피스의 <그리스도를 본받아>에 나오는 한 구절이다. 나에게 삼위일체 교리는 공부하면 공부할수록 신비스럽게 다가온다. 어쩌면 너무나 당연한 일일지 모른다. 무한하시고 자존하신 하나님을 유한한 인간이 어찌 다 이해할 수 있겠는가? 다만 우리는 하나님이 계시하신 내용을 하나님이 주신 이성의 힘을 빌어, 그리고 성령의 도우심을 받아 최대한 이해하려고 애쓸 따름이다. 어떻게 한 분이신 하나님이 삼위로 존재하시는지, 한 분이라고 말할 때 "분"(Being)은 무엇이며, 삼위라고 말할 때 "위"(Person)는 무엇인지, 이 둘의 관계는 무엇인지, 누가 알 수 있고 설명할 수 있겠는가? 그래서 어거스틴은 이렇게 말

했을 것이다: "세 무엇이라고요? 라는 질문에 대해 인간의 언어는 커다란 빈곤을 경험한다. 우리가 세 위격이라고 대답하는 것은 완전히 말하기 위해서가 아니라 말하지 않은 채 내버려둘 수 없기 때문이다." 고대 교회의 많은 이단들은 이 신비를 자신의 제한된 이성으로 억지로 풀려고 하다가 그릇된 신앙에 빠지고 말았다. 그들이 결코 불경해서가 아니었다. 정통신학은 삼위일체의 신비를 설명하고 해설한 것이 아니라, 그 신비에 대해 잘못 말하거나 그릇 생각하는 것을 피하도록 울타리를 쳐두었을 뿐이다. 여전히 우리는 우리가 고백하는 바를 충분히 이해하지 못한다. 하지만 상관 없다. 삼위일체의 신비는 이해하지 못해도 경험하는 것은 가능하기 때문이다. 예를 들면, 기도할 때 우리는 성령님의 이끄심에 의해 그리스도를 통해서 아버지 하나님께 나아간다. 하나님이 우리에게 원하시는 것은 삼위일체의 신비를 다 이해하는 것이 아니라, 그분을 경외하고 믿음으로 삼위일체 하나님의 생명을 경험하는 것이다. 특별히 주님의 기도처럼 우리가 사랑(성령)으로 하나가 될 때, 우리는 아버지와 아들의 교제 속으로 끌려들어가서 신적 연합과 생명을 누리게 될 것이다. 삼위일체의 신비는 딱딱한 교리이기 이전에 그 안에서 우리가 누리는 신적 생명의 풍성함이다.

25. 하나님의 하나님 노릇

한 청년 모임에서 이런 질문을 던진 적 있다: "하나님이 내 입장이시라면 그분은 어떻게 행하실까?" 그런데 한 청년이 이 질문을 다음과 같이 오해했다: "내가 하나님이라면 어떻게 할 것인가?" 그는 자신이 하나님이라면, 우선 친구들에게 새 차를 한대씩 사주고, 온 세상의 가난과 질병을 없애고, 세상을 즉시 천국으로 만들겠다고 대답했다. 그 말을 듣고 나도 이런 질문을 던지게 되었다. 왜 하나님은 세상을 즉시 천국으로 만드시지 않을까? 주제넘게도 내가 하나님이 되면 지금의 하나님보다 더 잘 할 것 같다는 엉뚱한 생각이 들었다. 전지전능한 하나님이시라면서 왜 모든 악을 없애시고 선으로 충만한 세상을 즉시 만들지 못하실까? 물론 하나님은 그렇게 하실 수 있다. 하지만 그러려면 나를 포함하여 세상의 모든 악인을 즉시 멸하셔야 한다. 그럼 하나님은 악인들의 마음을 순식간에 바꾸셔서 선인이 되게 하실 수는 없는가? 이 질문은 참으로 복잡한 신학적인 문제를 낳는다. 하나님은 인간을 자동으로 제어할 수 있는 로봇이 아니라 자유의지를 가진 인격적인 존재로 만드셨다. 하나님은 언제라도 세상을 심판하고 새로 만드실 수 있다. 문제는 우리다. 우리가 준비되지 않았기 때문에 하나님은 우리의 인격적인 반응을 기다리실 수밖에 없는 것이다.

　그렇다면 어떻게 하나님은 반역한 인간들을 모조리 멸하지 않고 그들 중 하나님께로 돌이키는 자들을 준비하여 하나님의 백성이 되게 할 수 있었는가? 어떻게 죄인이 인격적으로 마음 중심에서부터 변화되어 의인이 될 수 있었는가? 바울은 이렇게 말한다. "율법이 육신으로 말미암아 연약하여 할 수 없는 그것을 하나님은 하시나니 곧 죄를 인하여 자기 아들을 죄 있는 육신의 모양으로 보내어 육신에 죄를 정하사 육신을 좇지 않고 그 영을 좇아 행하는 우리에게 율법의 요구를 이루어지게 하려 하심이니라"(롬 8:3-4). 하나님은 예수님(칭의)과 성령님(성화)을 통해서 그 일을 이루신다. 하나님은 예수님을 보내셔서 십자가를 지게 하심으로써 우리 죄를 사하셨고, 성령님을 보내셔서 우리를 인도하여 율법을 그 온전한 정신을 따라 지킬 수 있게 해 주셨다. 예수님을 보내신 지 이천 년이 지났다. 하나님은 지금도 당신의 백성을 기다리시며 오래 참으신다. 여전히 주제넘은 말이지만, 곰곰이 따져보니 아무도 하나님이 하신 것보다 하나님 노릇을 더 잘 할 수는 없을 것 같다. 그분만큼 기다리고, 그분만큼 포기하고 희생하는 사랑으로 죄인인 인간을 상대해줄 인간은 없을 것 같다.

26. 하나님의 시험

하나님은 시험하시는가? 대답은 "그렇다"이다. 하나님이 사람을 시험하시는 방식은 아브라함에게 이삭을 바치라고 하신 것처럼 직접적인 시험이 있고, 사탄이 욥을 시험하는 것을 허락하신 경우처럼 간접적인 시험도 있다. 어느 쪽이든 성경은 하나님이 시험하신다고 말한다. 그렇다면 왜 야고보는 하나님이 시험하시지 않는다고 하고(약 1:13), 예수님은 주기도문에서 "우리를 시험에 들게 하지 말도록" 기도하라고 가르치셨을까?

성경에 나오는 "시험"(test)과 "유혹"(temptation)이라는 단어의 헬라어 원어는 모두 같은 "페이라스모스"(peirasmos)이다. 즉 똑같은 일이 우리의 반응에 따라서 시험이 되기도 하고 유혹이 되기도 한다. 하나님의 뜻을 좇아 믿음으로 인내하면서 어려움을 이기면 그것이 우리를 연단하는 시험이 되지만, 그 어려움을 피하려고 타협하거나 죄에 빠지면 우리를 넘어뜨리는 유혹이 된다. 하나님은 시험하시지만 유혹하지 않으신다. 우리가 유혹을 받는 것은, 야고보가 말한 대로, 시험하시는 하나님 때문이 아니라 우리의 욕심 때문이다. 우리에게 일어나는 일이 힘든 일이든 좋게 보이는 일이든, 그것은 하나님이 허락하셔서 일어난 일이다. 직접적이든 간접적이든 그것은 모두 우리의 믿음을 연단하시고 굳게 세우시기 위해서 주신 것들이다. 따라서 믿음으로 반응하면 시험을 통과하고 더 깊은 신앙의 세계로 나아가지만, 내 자아의 욕심을 따라 반응하면 그 유혹(temptation)에 넘어지게 된다. 시련이든 시험이든 그것을 좋아하는 사람은 없다. 하지만 신앙이 성장하는 데 시험은 반드시 필요하다. 시험 앞에서 우리 믿음의 현주소를 알 수 있고 시련을 통해 믿음이 연단되기 때문이다. 우리에게 닥친 모든 일이 다 시험이 될 수 있다. 어렵더라도 두려워하거나 놀라지 말라. 당당히 받아들이라. 찬사와 영광을 받는 성공 앞에서도 교만하지 말라. 하나님께 예배로 돌려드리라. 시험 가운데 오직 하나님만 의지하라. 주께서 도우실 것이다. "사람이 감당할 시험 밖에는 너희가 당한 것이 없나니 오직 하나님은 미쁘사 너희가 감당하지 못할 시험 당함을 허락하지 아니하시고 시험 당할 즈음에 또한 피할 길을 내사 너희로 능히 감당하게 하시느니라"(고전 10:13).

27. 하나님의 질투

하나님은 십계명의 제2계명에서 자신을 "질투하는 하나님"이라고 소개하신다(출 20:5). 많은 사람들이 이 말씀에 걸려 넘어진다. 어떻게 하나님이 질투를 하실 수 있단 말인가? 이들은 신약의 예수님은 구약의 하나님과 다를 것이라고 생각한다. 하지만 예수님도 이와 비슷한 말씀을 하셨다. "무릇 내게 오는 자가 자기 부모와 처자와 형제와 자매와 및 자기 목숨까지 미워하지 아니하면 능히 나의 제자가 되지 못하고"(눅 14:26). 예수님 역시 자신을 향한 절대적인 사랑과 헌신을 강조하셨다. 그렇다면 우리는 "질투하는 하나님"이라는 하나님의 자기 소개를 어떻게 이해해야 하겠는가?

우리가 이 말에 넘어지는 이유는 하나님을 인간과 같은 차원으로 생각하기 때문이다. 인간의 질투는 나쁘지만, 하나님의 질투는 선하고 정당하다. 왜 그런가? 질투는 한 사람만을 향해야 할 사랑이 타인에게로 향할 때 일어나는 감정이다. 자기중심성에서 비롯되는 감정이다. 인간의 질투가 나쁜 이유는 그 질투를 촉발시키는 인간의 자기중심성이 나쁘기 때문이다. 인간의 자기중심성은 하나님께 대하여 반역적이고, 그래서 죄악된 것이다. 이런 죄악된 자기중심성에서 나온 인간의 질투는 선하지 않다. 그럼 하나님의 질투는 어떠한가? 하나님의 질투도 하나님의 자기중심성에서 나온다. 하지만 하나님의 자기중심성은 죄악된 것이 아니다. 하나님은 중심이 되시기 때문이다. 그분의 중심은 선하고 진실하다는 뜻이다. 하나님이 중심적인 존재라면, 하나님은 당연히 자기중심적이 되셔야 한다. 하나님의 질투는 하나님께로만 향해야 할 사랑을 지키시려는 하나님의 거룩하신 반응이다. 인간의 질투가 정당한 경우가 있다. 부부관계가 그렇다. 부부의 사랑은 배우자만을 향한 배타적인 사랑이어야 한다. 그 사랑이 타인을 향하여 갈릴 때 일어나는 질투는 정당하다. 질투가 일어나지 않는 사랑은 사실상 사랑이 아니다.

하나님의 질투에 대해 "아멘!"으로 반응할 수 있을 때, 우리가 하나님에 대해서 제대로 알고 있다고 말할 수 있을 것이다. 하나님의 하나님 되심, 즉 하나님의 주권을 깨달을 때 질투하시는 하나님의 본질을 알 수 있기 때문이다.

복음의 진리에 대하여

28. 교리와 영성

현대 문화를 형성하는 거대담론은 포스트모더니즘이다. 그 특징 중 하나가 권위에 대한 반발 혹은 해체이다. 사람들은 자신이 판단하고 결정하기를 원하고 타인으로부터 명령을 받거나 규칙을 부여 받는 것을 싫어한다. 이러한 특징이 사회 뿐만 아니라 교회에도 들어와 영향을 미치고 있다. 그 결과 가운데 하나가 교리에 대한 부정적인 태도다. 교리에 대한 거부감은 영성에 대한 지나친 선호를 가져왔다. 교리는 종교들 사이의 차이점을 부각시킴으로써 충돌과 갈등을 불러일으키기에 거부하는 반면에, 영성은 교리적 설명이 달라도 그 실체에 대한 직접적 체험을 통해서 상호교류가 가능하다고 보아서 선호한다. 천주교가 불교의 참선을 받아들이는 것이 그 대표적인 예다. 전통적으로 교리를 중요시하고 다원주의를 배격하던 복음주의적인 기독교 안에서도 변화의 조짐이 뚜렷하다. 성경만을 좇는다고 하면서 교리를 거부하는 이들도 있고, 성령의 체험을 중시하면서 교리를 경시하는 부류도 있다.

이러한 현상들을 어떻게 보아야 할까? 먼저 교리에 대한 오해를 해소하는 것이 필요하다. 성경과 교리는 결코 상치되지 않는다. 성경의 가르침을 체계적으로 정리한 것이 교리이다. 다만 성경이 말하는 범위를 넘어서 지나친 체계화와 논리적 경직성은 경계할 필요가 있다. 성령의 체험은 긍정하지만, 그 역시 성경이나 교리에 의해 평가되어야 한다. 이때 교리가 체험을 평가하는 데 그치지 않고 다양한 체험이 전통적인 교리를 재평가하고 재형성하는 계기가 되기도 한다. 이런 경우라도 교리의 재확립이 필요할 뿐 교리 자체를 폐기해야 할 이유는 되지 않는다. 기독교 교리는 성경, 즉 하나님께서 가르쳐주시는 진리이다. 교리를 무시하면 기독교 신앙은 무너진다. 하나님을 믿는 것만 중요한 것이 아니라, 어떤 하나님을 믿느냐, 그리고 어떻게 믿느냐도 중요하기 때문이다. 교리는 무시할 대상이 아니라 바르게 확립할 대상이다. 기독교 교리는 하나님이 우리에게 보여주신 세계와 인생에 대한 진리의 모음집이다. 따라서 참 교리는 우리를 제한하고 억압하기보다는 우리를 자유롭게 하고 구원의 길로 인도해준다. 그런 의미에서 교리는 지도와 같다. 지도가 있으면 여행을 자유롭게 할 수 있듯이, 교리는 우리를 바른 삶, 바른 체험으로 이끌어준다. 참된 기독교 영성은 성경적인 기독교 교리를 삶으로 구현하는 일인 것이다.

29. 이신칭의의 바른 공식

믿음으로 의롭다함을 받는다는 이신칭의(以信稱義)의 교리는 많은 오해를 받아왔다. 그 중 하나는 이 '의'가 실제 우리가 의로워진다는 뜻인가, 아니면 다만 의롭다고 선언한다는 뜻인가 하는 문제다. 천주교에서는 의를 전자로 이해하여 그리스도의 의가 주입(infusion)된다고 주장한다. 반면에 프로테스탄트는 후자의 입장에서 그리스도의 의가 전가(imputation)된다고 주장한다. 로마서 4장에서 바울이 사용한 "여기다"라는 동사의 원뜻을 보면 후자가 맞다. 칭의는 우리가 실제로 의로워진다는 뜻이 아니고 하나님께서 의롭게 여겨주신다는 법정적인 개념이다. 둘째 오해는 '믿음'에 대한 것이다. 천주교는 믿음에 행위를 더한 반면에, 프로테스탄트는 "오직 믿음"만을 강조했다. 로마서 3-4장에서 바울은 행위로 의롭다함을 받았다면 자랑할 것이 있겠지만, 믿음으로 의롭다함을 받았으니 자랑할 것이 없다고 말한다. 바울은 믿음을 공로로 보지 않았다. 하지만 행위가 믿음에 더해지면 그것은 공로가 되고 자랑거리가 되어 버린다.

하지만 문제는 그렇게 간단하지 않다. 프로테스탄트는 "오직 믿음으로"(by faith alone)를 강조하면서도, 동시에 "홀로 있지 않은 믿음"(but faith which is not alone)을 말했기 때문이다. 야고보가 지적한 것처럼, 구원에 이르는 믿음은 반드시 행위로 드러날 수밖에 없다. 그렇다면 "믿음에 행위를 더한다는 것"과 "행위가 뒤따르는 믿음으로"라는 표현에는 어떻게 다른가? 이것은 단지 말장난이 아니다. 미묘한 것 같아 보여도 분명히 다르다. 에베소서 2장 8-10절을 보자. "너희가 그 은혜를 인하여 믿음으로 말미암아 구원을 얻었나니 이것이 너희에게서 난 것이 아니요 하나님의 선물이라. 행위에서 난 것이 아니니 이는 누구든지 자랑치 못하게 함이니라. 우리는 그의 만드신 바라. 그리스도 예수 안에서 선한 일을 위하여 지으심을 받은 자니 이 일은 하나님이 전에 예비하사 우리로 그 가운데서 행하게 하려 하심이니라." 이를 항등식으로 표현하면 <은혜+믿음=구원+선한 일(행위)>가 된다. 천주교의 입장은 <은혜+믿음+행위=구원>이 되고, 현대에 유행하는 값싼 은혜 구원론은 <은혜+믿음=구원(행위는 없어도 됨)>이다. 작은 차이 같아도 은혜로서의 복음(오직 믿음)과 변화의 능력(행위)을 둘 다 강조하지 않으면 바른 복음이 될 수 없다. 칭의는 중생의 결과다. 칭의를 가져오는 믿음은 성령께서 우리의 죽은 영을 살리시고 우리 안에 새 마음과 새 영을 주심으로써 가능하다.

30. 믿음과 은혜의식

기독교는 인간의 근본 문제를 죄로 본다. 죄는 하나님을 거부하고 자신이 하나님 노릇하는 교만한 마음이며, 하나님과의 관계를 어그러뜨리고 불화하게 하는 이유다. 성경은 우리가 자신의 죄를 깨닫고 인정할 때 은혜로 구원받는다는 기독교 신앙이 그에게 복음이 된다고 말한다. 하지만 세상적인 사고방식과 현대의 심리학은 죄의식을 부정적으로 보고 죄책감을 심어주는 것을 반대한다. 물론 그릇된 죄의식은 옳지 않다. 하지만 참된 죄의식과 죄책감은 반드시 필요하다. 문제는 인간에게 실제적인 죄의 책임이 있으며, 아무리 우리가 부인하고 무시하려 해도 인간 심연에 존재하고 있는 죄의식과 죄책감은 피할 수 없다는 것이다. 우리에게 필요한 것은 죄의 부인이 아니라 하나님의 용서와 은혜를 체험하는 것이다. 하나님이 용서하시고 은혜로 받아주신다는 의식이 인간 심연에 자리 잡고 있지 않으면, 인간은 누구든 마음에 참 평화를 누릴 수 없고 불안에서 벗어날 수 없다. 기독교가 복음인 것은 죄 문제에 대한 실질적인 해결책을 제공하기 때문이다.

하지만 많은 기독교인들이 입으로는 사죄와 구원을 확신한다고 말하면서도 실제로는 율법주의적으로 신앙생활을 하면서 마음에 평화와 안식은 누리지 못하고 있다. 자신들은 열심이 부족하다며 스스로 자책하고, 주님을 위해 무언가 더 많이 하고 더 잘 해야 한다고 생각한다. 주님 앞에서 자신의 못남과 못됨을 의식하는 것이 겸손이며, 자책을 더 하면 할수록 더 좋은 믿음이라고 생각한다. 이들은 복음을 교리적으로 잘 이해하고 있고 율법주의의 문제점도 잘 알고 있다. 하지만 실제로는 복음과 은혜의 하나님을 온전히 믿지 못하고 있다. 머리로는 알지만 마음으로는 하나님의 사죄와 용납을 온전히 믿지 못하고 있어서, 하나님을 생각할 때마다 늘 죄송하고 부족하다는 느낌과 심판에 대한 두려움을 떨치지 못한다.

물론 성령을 통한 영적 자각 때문에 부족함과 죄의식을 느낄 수도 있다. 이 둘을 구분하는 것이 쉬운 것도 아니다. 따라서 우리는 내 믿음의 중심에 "은혜의식"이 자리 잡고 있는지를 늘 살펴야 한다. 하나님을 생각할 때마다 그분의 사랑과 용납으로 인한 평화가 있고, 그분의 미소로 인한 기쁨이 있는가? 은혜의식에 사로잡힐 때 우리는 율법적인 신앙에서 벗어나 건강한 믿음을 가질 수 있다. 더 열정을 내고 분발하는 것보다 더 중요한 것은 하나님의 사랑과 은총을 온전히 알고 수용하는 것이다.

31. 도덕과 율법을 넘어서는 복음

기독교를 도덕적 가르침으로 축소하려고 하는 자들이 있다. 이런 자들이 가장 많이 인용하는 것이 산상수훈이다. 산상수훈을 가장 고상한 도덕적 가르침으로 인정함으로써 예수께 대한 나름의 경의를 표하지만, 산상수훈의 가르침을 제대로 알지 못한 채 인용하고 있다. 이들은 산상수훈의 핵심을 "원수를 사랑하라"는 말씀이나 "대접을 받고자 하는 대로 남을 대접하라"는 황금률 정도로 생각한다. 하지만 주님이 율법을 폐하러 온 것이 아니라 완성하러 오셨다는 말씀이나, 말씀대로 행하지 않은 자들에 대한 최후 심판의 엄중한 경고 등은 무시한다. 또 산상수훈을 '율법'으로 보면서 은혜의 시대인 현재와는 관계가 없고 미래의 천년왕국을 위한 것이라고 가르치는 자들도 있다.

하지만 산상수훈은 엄밀히 말해서 단순한 도덕적 가르침이 아니며, 천년왕국 시대를 위한 새로운 율법도 아니다. 산상수훈은 하나님의 은혜로 하나님의 통치 안에 들어온 백성들, 즉 구원받은 자들의 삶의 강령인 것이다. "천국이 저희 것임이요"로 시작하고 끝나는 팔복이 그 점을 보여준다. 이들은 심령이 가난한 자들, 즉 성령의 역사로 자신들의 죄를 깨닫고 회개한 자들이다. 율법은 도덕과도 다르다. 도덕은 사람들 간의 관계만을 다루지만, 율법은 하나님과의 관계도 다룬다. 십계명이 하나님께 대한 계명을 먼저 말한 후에 이웃에 대한 계명을 말하는 것에 주목하라. 하나님과의 바른 관계만이 다른 인간과 바른 관계를 맺을 수 있다. 율법은 도덕을 포함하지만 그 이상이다. 우리는 자기 힘으로 율법을 다 지켜서 하나님과 올바른 관계를 맺을 수 없기 때문이다. 그래서 우리에게는 복음이 필요한 것이다. 그리스도의 구속을 통해서 은혜로 하나님과 바른 관계를 맺게 된 자들은 이제 율법을 지킬 수 있는 능력을 공급받는다. 하나님께서 마음에 새겨진 율법, 즉 새 마음과 새 영을 주신다. 복음의 결과는 율법의 준수이며, 율법을 지킬 때 우리는 도덕을 이루게 된다. 먼저 은혜로 하나님의 아들이 된 자들만이 선인과 악인에게 똑같이 해와 비를 주시는 하나님 아버지를 본받을 수 있고, 그럴 때 우리는 원수까지 사랑할 수 있게 되는 것이다. 산상수훈은 기독교의 정수로서 은혜로 하나님의 백성 된 자들이 율법의 자구 뿐 아니라 그 정신까지 지키게 됨으로써 하늘에 계신 아버지처럼 온전케 될 수 있음을 보여주는 복음 중에 복음이다.

32. 선악과와 인간됨

인간 이해가 모든 종교, 철학, 도덕, 이데올로기를 가늠하는 기준이 된다. 인간에 대한 다양한 관점들이 있지만 서로 반대되는 대표적인 두 입장으로 간추리면 진화론과 창조론이라고 할 수 있다. 진화론은 인간을 저등한 수준에서 고등한 수준으로 발전해가는 존재로 보는 반면, 기독교는 하나님이 본래 지으신 선한 상태에서 타락한 존재로 본다. 어느 관점을 취하느냐에 따라 인간의 본질과 구원에 대한 입장도 나뉜다. 진화론을 따른다면 인간은 자신의 운명의 주인으로서 스스로 어떤 존재가 될 지를 선택할 수 있게 된다. 니체의 초인(superman) 사상이 진화론적 전제에서 나왔고, 나치의 아리안혈통 우월주의도 그 파괴적인 열매 가운데 하나다. 반면에 기독교의 창조론을 따른다면 인간은 하나님의 형상대로 지음 받은 존재이지만 타락하여 파괴되었으며(잃어버린 것이 아니라), 그 형상을 회복하는 것을 구원이라고 믿는다.

기독교는 인간타락의 기원을 인류의 조상 아담과 하와가 선악과를 따먹은 사건에 둔다. 선악과에 대해서는 실제 그 나무가 있었느냐 하는 역사적 질문부터 시작하여 참 다양한 해석이 존재한다. 여기서는 선악과의 신학적 의미를 생각해보자. 아담이 선악과를 따먹은 후에 하나님은 "이 사람이 선악을 아는 일에 우리 중 하나같이 되었다"고 선언하셨다. 아담은 선악과를 따먹고 하나님처럼 선악을 알게 된 것이다. 그렇다면 선악을 아는 것이 왜 나쁘며, 하나님은 왜 그것을 인간에게 금지하셨는가? "선악을 안다"는 말은 무슨 뜻인가? 이 말은 하나님이 정하신 선악의 기준을 거부하고 선과 악의 기준을 인간 스스로 정하겠다는 뜻이다. 이런 태도를 취하게 되었다는 점에서 인간은 하나님처럼 선악을 알게 된 것이다. 하지만 그 결과 인간은 하나님처럼 지혜롭고 자유로운 존재가 된 것이 아니라 도리어 우둔하고 미련하게 되었고, 혼돈과 수치, 두려움에 빠졌을 뿐이다. 인간은 스스로 선악을 알 수 없다. 오직 하나님이 선이라고 하신 것을 선으로 알고, 악이라고 하신 것을 악으로 알 수 있을 뿐이다. 인간이 스스로 선악을 규정하겠다고 하는 것은 하나님의 절대 기준을 넘어서려는 시도이며, 자신이 하나님이 되려는 처사다. 이런 의미에서 선악과는 아담만 따먹은 것이 아니다. 인간 모두가 따먹은 것이며, 지금도 따먹고 있다. 선악과를 따먹은 것이 인간의 원죄가 되는 까닭은 그것이 인간의 대표인 아담이 지은 죄일 뿐 아니라, 모든 인간의 죄의 뿌리에 해당되는 죄이기 때문이다. 하나님이 선악과를 금하신 것은 인간이 하나님처럼 되는 것을 시기하셔서가 아니라, 인간에 대한 사랑과 배려 때문이었던 것이다.

인간은 스스로 선악을 규정할 수 없다. 선과 악에 대해서는 오직 하나님만 정하실 수 있다. 하나님의 기준을 거부하고 자신이 선악을 규정하려고 할 때, 인간은 도덕적 상대주의에 빠지게 된다. 절대적인 선도 없고 절대적인 악도 없다는 입장 말이다. 그런데 과연 그런가? C. S. 루이스는 그의 책 "인간의 폐지"(Abolition of Man)에서 미(美)를 예로 들어 이 문제를 다룬다. 아름다움이란 우리가 그것을 느끼는 대상에 실제로 존재하는 것인가, 아니면 우리가 주관적으로 느끼는 감정의 산물일 뿐인가? 현대 교육은 후자라고 말한다. 객관적인 진리와 가치를 부인하고 모든 것을 주관적인 것으로 상대화시키는 현대 교육은 인간의 폐지를 가져올 수밖에 없다. 이것은 선악과의 또 다른 모습이다. 하지만 루이스는 모든 시대 모든 사회에, 모든 종교와 도덕의 근저에는 "도"(道)가 항상 있어왔다고 말한다. 이 도(道)는 인간의 주관적인 감정이나 판단에 따라 바뀌는 것이 아니라, 인간 밖에 존재하고 인간 위에 객관적으로 존재하면서 인간에게 따를 것을 요구하는 변함없는 선악의 기준이다. 인간은 하나님이 정하신 선악의 기준인 이 도를 발견할 뿐 스스로 만들거나 변경할 수 없다. 인간은 계속 진화되어 감으로써 더 낮고 더 높은 도를 스스로 창출해가는 존재가 아니라, 자신에게 주어진 도에서 벗어났고 떨어진 존재이다. 타락한 인간의 실상은 무엇으로 나타나는가? 인간이 선을 행하지 않을 뿐 아니라 선악을 상대화시킴으로써 선 자체를 부인하는 모습이다. 인간의 구원은 선악을 초월하는 데 있지 않고, 악을 떠나 선에 속하는 데 있다. 하나님을 알 때 선을 알 수 있다. 우리는 그리스도를 믿고 새 마음과 새 영을 받음으로써 이 세대를 본받지 말고 마음을 새롭게 함으로 변화를 받아야 한다. 그러할 때 비로소 하나님이 선하게 여기시고 기뻐하시고 온전하게 여기시는 것이 무엇인지를 알게 된다(롬 12:2).

33. 죄는 자율성이다

기독교의 인간관 중 독특한 것은 인간은 죄인이라는 것이다. 특별히 인간의 전적타락설을 주장하는 개혁주의 신학에서는 심지어 인간은 죄를 지어서 죄인인 것이 아니라 죄인이기 때문에 죄를 지을 수밖에 없다고 말한다. (전적타락설은 인간이 그 이상 악해질 수 없을 정도로 타락했다는 뜻이 아니라, 인간의 그 어느 면도 악의 영향을 받지 않은 부분이 없다는 뜻이다. 즉 타락의 심도가 아니라 범위를 가리키는 표현이다.) 다른 모든 종교와 이데올로기에서는 인간은 기본적으로 선한 존재이지만 사회나 제도, 환경 등이 인간을 악하게 만든다고 본다. 하지만 나는 기독교의 인간관이 진리임을 개인적 경험과 관찰을 통해서 확신하게 되었다. 사회나 제도, 환경 등이 악한 것은 구성원인 인간이 악하기 때문이다. 인간 때문에 악해진 사회가 다시 인간을 악하게 만드는 악순환이 있는 것도 사실이지만, 인간의 죄에 대한 깊은 통찰 없이는 구원에 대한 바른 전망도 제시할 수 없다. 그런 면에서 죄를 아는 것이 신앙과 신학의 첫 걸음이라고 해도 과언이 아니다. 그렇다면 죄란 무엇인가?

20세기의 존경받는 변증가이자 복음전도자인 프랜시스 쉐퍼(Francis August Schaeffer) 박사님은 죄를 "자율성"(autonomy)라고 정의하셨다. 나 역시 죄에 대해 고민하면서 죄는 단순히 이런저런 잘못된 행동 이전에 근본적인 마음의 문제, 즉 자기중심성이라고 결론을 내리고 있었기에, 쉐퍼 박사님의 이 정의는 내 생각을 지지해주는 것 같았다. 죄는 나 자신이 스스로 법이 되고자 하는 성향이다. 인간은 하나님의 법에 반발하고 그것을 어기려는 비뚤어진 심성을 갖고 태어난다. 자기의 판단을 좇아 자기 뜻을 실현하고자 하는 자율성을 침해하는 것이 있다면, 그것이 하나님의 뜻이라 해도 용납할 수 없다고 반발하는 것이 인간의 심성이다. 자율성은 선과 악을 인간 스스로 결정하겠다고 하는 태초의 첫 죄악과 본질적으로 같은 것이요, 내가 하나님이 되겠다는 교만이다. 죄가 하나님을 떠난 자율성인 것을 모르기에 사람들은 자신이 죄인인 것을 깨닫지도, 인정하지도 않는 것이다. 하지만 자아가 죄라면, 자아에 사로잡혀 있는 자가 스스로 죄를 깨닫지 못하는 것은 당연한 일이기도 하다.

34. 천국, 천당, 하늘, 영생

전도방법 중 가장 간단한 것은 "예수 천당, 불신 지옥"을 전하는 것이다. 이 방법이 통하던 때가 있었다. 하지만 지금은 오히려 역효과가 나타날 것이다. 여기서 내 관심을 끄는 것은 방법의 효용성이 아니라 "천당"이라는 개념 자체. 성경에는 천당이라는 단어가 나오지 않는다. 아마도 "내 아버지 집에 거할 곳이 많도다"(요 14:2)라는 주님의 말씀에서 나온 말 같다. 요즘엔 '천당'이란 말을 거의 쓰지 않고 '천국'이라고 부르는데, 우리가 죽어서 가는 곳을 가리키는 말로 쓴다면 이것도 잘못된 표현이다. 천국, 즉 하늘나라는 마태복음에서 '하나님 나라' 대신에 쓰는 말인데, 예수님은 죽어서 가는 장소의 의미가 아니라 예수님을 주와 왕으로 믿는 즉시 들어가는 하나님의 통치를 의미하는 말로 쓰셨다. 그렇다면 우리가 죽어서 가는 곳은 어디인가?

먼저 분명히 해야 할 것이 있다. 우리가 죽어서 가는 곳은 최후의 영원한 상태가 아니라 그 전에 존재하는 중간상태(Intermediate State)이다. 최후의 영원한 상태는 부활 후에 있을 '새 하늘과 새 땅'이다. 영혼수면설(soul sleep)을 주장하여 죽음과 부활 사이에 잠자는 상태가 있다고 주장하는 이들도 있다. 성경에 "자는 자들"(살전 4:13)이란 표현을 문자적으로 해석한 것이다. 하지만 바울은 죽음 이후 상태를 "몸을 떠나 주와 함께 있는 것"(빌 1:23)으로 표현하고 있고, 예수님은 바로 오른편 십자가에 달린 강도를 향해 "오늘 네가 나와 함께 낙원에 있으리라"고 말씀하신다. 여기서 우리는 죽음과 부활 사이에 의식을 갖고 영으로만 존재하는 중간상태가 있음을 알 수 있다. 그 상태를 (구원받은 자들의 경우) 성경은 하늘, 아브라함의 품, 낙원이라고 부른다. 아마 우리가 천국이라는 용어에 익숙해져 있는 까닭은 '하늘'과 '하늘나라'가 우리 관념에는 똑같은 의미로 자리 잡고 있기 때문일 것이다. 특히 우리는 나라를 장소적 개념으로 이해하는 경향이 강하다. 그래서 구원을 죽음 후에 어떤 곳으로 이동하는 것과 동일시하는 오류를 범하게 된 것이다. 구원은 죽음후에 장소를 이동하는 문제가 아니라 살아 있을 때부터 하나님의 통치 안에 들어가 그분의 생명을 누리는 문제이다. 요한은 이러한 삶을 '영생'이라고 부른다. 영생은 죽음 후에 시작되어 끝없이 이어지는 삶이 아니라, 육신적 생명(비오스, bios)에 대비되는 신적 생명(조에, zoe)을 가리킨다. 모든 산 사람은 '비오스'를 갖고 있지만 오직 거듭난 자들만이 '조에'를 갖는다. 요한은 천국 또는 하나님의 나라를 '영생'(조에)으로 부르고 있는 것이다. 살아서 천국에 들어온 자들만이 죽어서 하늘에 갈 수 있다.

35. 의(義)의 본향

새 하늘과 새 땅은 어떤 곳일까? 기화요초가 만발한 에덴동산 같은 곳일까? 틀림없이 그럴 것이고 그 이상일 것이다. 에덴동산은 인류의 기억 속에 완전한 이상향의 원형이다. 특히 인간이 자연을 하나님 뜻대로 다스려 조화롭고 아름답게 가꾸기보다는 줄곧 착취하고 파괴해왔기에, 인류는 자연과 사람이 조화되고 어우러진 "동산"에 대한 꿈을 포기할 수 없었다. 하지만 새 하늘과 새 땅은 아름다운 동산 그 이상이다. 요한계시록은 새 하늘과 새 땅에는 더 이상 바다가 없을 것이라고 말한다(21:1). 여기서 바다는 물리적인 바다가 아니라, 악의 화신인 용, 즉 사탄의 근원지인 태고의 혼돈을 뜻한다. 따라서 더 이상 바다가 없다는 말은 악이 근원에서부터 뿌리 채 제거된 상태를 가리킨다. 다시 말하면, 새 하늘과 새 땅은 단지 자연적으로 완전한 환경일 뿐 아니라, 영적으로도 새로워진, 더 이상 악이 없는 선하고 거룩한 상태라는 것이다. 이 점을 베드로는 "의의 본향"이라고 표현한다. "우리는 그의 약속대로 의가 있는 곳인 새 하늘과 새 땅을 바라보도다"(벧후 3:13). 새 하늘과 새 땅은 무엇보다도의(義)가 있는 곳이다. NIV 영어성경에는 "the home of right-eousness"라고 되어 있다.

의에 대해 깊이 생각해 본 적이 있는가? 그리스도의 제자라면 마땅히 의를 사모해야 한다. 주님은 산상수훈의 팔복에서 "의에 주리고 목마른 자는 복이 있다"고 선언하셨다. 첫째에서 셋째 복은 거짓 의인 자기 의가 제거되는 단계들이고, 넷째 복은 그 결과 의에 주리고 목마른 상태가 되는 단계다. 그 뒤 다섯째에서 일곱 째 복은 참된 의, 진짜 의가 드러나는 모습이고, 여덟 째 복에 이르면 의를 위해 핍박받는 자리에까지 오게 된다. 구원은 단지 의롭다고 여김 받는 칭의(稱義)에 그치는 것이 아니다. 실제로 의로워져 가는 성화(聖化)와 온전히 의롭게 되는 영화(榮化)를 포함한다. 의란 하나님과의 바른 관계를 뜻하며, 하나님의 뜻에 우리의 마음과 성품, 생각과 감정, 말과 행동 등 전 인격이 완전히 일치된 상태를 가리킨다. 의인이란 은혜로 하나님께 온전히 용납되었을 뿐 아니라, 실제로 하나님의 성품을 닮아가는 사람이다. 새 하늘과 새 땅은 무엇보다도 "의의 본향"이다. 그렇다면 그곳은 당연히 의인들만 살 수 있는 곳이리라. 기쁜 소식은 하나님이 베푸시는 구원에는 우리가 실제로 의인되는 것이 포함되어 있다는 소식이다. 따라서 구원받은 자들은 새 하늘과 새 땅을 소망하면서 그 안에 살게 될 우리 역시 "주 앞에서 점도 없고 흠도 없이 평강 가운데서 나타나기를 힘쓸 것이다"(벧후 3:14).

36. 십자가 신앙

종려주일은 주님이 예루살렘에 입성하신 것을 기념하는 날이다. 오늘부터 십자가의 길은 초읽기에 들어간다. 그 길을 따라가 보자. 제자들은 주님과 함께 예루살렘에 올 때 사뭇 들떠 있었다. 갈릴리 촌사람들이 이스라엘의 수도 예루살렘에 들어오는 것만으로도 흥분되는 일이 아닐 수 없었다. 산 위에 세워진 아름다운 도성 예루살렘, 특히 예루살렘에서도 가장 높은 곳에 세워진 금빛 찬란한 성전의 모습은 순례의 길을 오르는 사람들의 눈에 마치 하나님의 영광이 빛나는 것 같았으리라. 더욱이 제자들은 예수님이 예루살렘에 입성하시면 곧 이스라엘의 왕이 되시고, 자신들도 한 자리씩 차지할 수 있으리라는 기대에 부풀어 있었다. 하지만 한 가지 마음에 걸리는 것이 있긴 했다. 벌써 몇 차례 주님은 우울한 표정으로 이해할 수 없는 말씀을 하신 것이다. "인자가 예루살렘에 올라가면 대제사장들과 장로들에게 죽임을 당하고..." 그러나 그 모든 것은 기우에 불과했다. 얼마나 많은 사람이 종려가지를 흔들며 호산나를 외치고 예수님을 환영했던가? 예수님도 그들의 환호를 제지하지 않으시고 당연하다는 듯이 받아들이시지 않았던가? 왕의 체면에 어울리지 않게 나귀를 타고 들어오시기는 했지만, 어쨌든 왕으로서의 입성임을 예수님 자신도 부인하신 적은 없었다. 그런데 제자들의 모든 기대는 입성하신 직후부터 어긋나기 시작했다. 주님은 성전에 들어가서 소란을 일으키셨고, 이스라엘의 지도자들과 부딪히는 말씀만 하시는 것이었다. 그들의 마음을 사서 자기 사람으로 만들어도 모자랄 때에, 그들의 질문마다 말문이 막히도록 반박하시더니, 급기야는 "화 있을진저…"라고 초강도의 저주를 퍼부어대시는 게 아닌가. 결과는 불을 보듯 자명했다. 며칠 안에 예루살렘 민심은 주님으로부터 싸늘하게 돌아섰고, 정말 어이없게도 결코 믿을 수 없었던 일이 벌어졌다. 주님이 대제사장과 헤롯, 빌라도 앞에서 재판을 받고 십자가형을 언도받으신 것이다. 혼비백산한 제자들은 모두 도망쳤지만 너무 멀리는 가지 못한 채 숨어 사태의 추이를 지켜보고 있었다. 하지만 한 번 깨진 꿈은 살아나지 않았고, 기적은 일어나지 않았다. 주님은 채찍질 당하셨고, 강도들과 함께 십자가에 못 박히셨다. 제자들은 한편으로는 너무나 두렵고 슬프면서도, 다른 한편으로는 주님을 배반하여 떠났으면서도 자신들이 도리어 배신당한 것처럼 허탈했고 분했다. 예수님께는 이 모든 것을 이길 능력이 있지 않으신가? 죽은 자도 살려내신 분이 아니었던가? 당신 스스로도 하나님의 아들이라고 주장하시지 않았던가? 그런데 왜, 왜, 그렇게 무력하게 잡혀 죽임을 당하셔야 했는가? 제자들은 이 의문에 답을 얻을 수 없었다. 그래서 혼란스러웠고 절망은 깊어만 갔다. 부활하신 주님을 만나기까지는 그랬다.

주님이 가신 십자가의 길은 어떤 길이었는가? 그 길은 무엇보다도 외로운 길이었다. 오해받고 배신당하고 버림받는 길이었다. 주님을 향해 환호한 무리들에게는 애초에 기대할 것이 없었다. 그래도 제자들은 끝까지 주님과 함께 했어야 하지 않는가? 더구나 수제자 베드로는 호언장담까지 하더니... 가장 이해할 수 없는 일은 하나님조차 예수님께 얼굴을 돌리셨다는 것이다. "엘리 엘리 라마사박다니(나의 하나님, 나의 하나님, 어찌 나를 버리시나이까)!" 주님은 평소에 즐겨 사용하시던 "아빠"라는 호칭으로 하나님을 부르시지 않았다. 그냥 하나님이라고 외치셨다. 하늘도 캄캄해지고 낮이 밤처럼 어두워졌다. 하나님은 주님을 외면하셨고 버리셨다. 역사상 이보다 더 큰 실패는 없는 듯 보였다. 가장 의로운 자라고 여겨졌던 사람이 가장 큰 저주의 형벌을 당했기 때문이다. 군중의 변심, 제자들의 비겁함, 하나님의 버리심은 주님이 당한 그 어떤 육체적 고통 보다 컸을 것이다. 특히 하나님이 외면하신 그 순간은 예수님의 심장을 도려내는 듯한 아픔이었을 것이다. 십자가는 버림받는 일이다. 배신당하는 일이다. 오해받는 일이다. 십자가는 끝내 혼자가 되는 일이다. 주님이 그 길을 가신 것은 우리를 살리시기 위해서였다. 주님이 버림을 받으신 것은 우리가 용납되게 하시기 위함이었다.

우리가 주님의 제자라면 응당 십자가의 길을 가야 한다. 주님은 다른 선택의 여지를 두지 않으셨다. "아무든지 나를 따라오려거든 자기를 부인하고 날마다 제 십자가를 지고 나를 좇을 것이니라"(눅 9:23). 하지만 우리가 지는 십자가와 주님이 지신 십자가 사이에는 근본적인 차이가 있다. 우리는 더 이상 하나님으로부터 버림받는 십자가는 질 필요가 없다. 주님이 지셨기 때문이다. 그런 의미에서 우리의 십자가는 주님의 십자가와 근본적으로 다르다. 우리가 십자가를 지고 주님을 따를 때, 주님은 끝까지 우리와 함께 해 주신다. 결코 우리를 버리지 않으신다. 하지만 다른 종류의 버림받음은 우리도 당해야 한다. 우리도 오해받고, 따돌림 당하고, 배신도 당할 수 있다. 그래야 자아가 죽기 때문이다. 우리의 십자가는 자아가 죽는 것이다. 우리가 이 십자가의 길을 가야 하는 이유는 두 가지다. 첫째는 자아를 철저히 죽임으로써 주님의 생명을 맛보기 위함이다. 둘째는 주님의 생명으로 다른 사람을 살리기 위함이다. 내가 매 맞은 자리에서 치유의 향기가 솟아난다. 역사상 위대했던 하나님의 사람들은 모두 같은 경험을 했다. 그들은 십자가를 통해 자아가 처리되었고, 그 결과 다른 사람들에게 은혜의 통로가 될 수 있었다. 십자가의 길을 가려는가? 나는 자아의 죽음을 아는가? 나는 십자가가 생명임을 보는가?

37. 부활 신앙

예수님의 가족 무덤이 발견되었다는 소식이 전해지면서 찬반 논쟁이 뜨겁다. 물론 기독교인들의 입장에서는 받아들일 수 없는 주장이다. 우선 예수, 마리아, 요셉 등의 이름은 그 당시 너무 흔했으니 그 이름이 새겨진 무덤이 발견되었다고 해서 예수님의 무덤이라고 주장하는 것은 지나친 비약이 아닐 수 없다. 김씨 성의 묘지가 발견되었다고 해서 그것을 조선시대 김아무개 집안의 묘지라고 확증해서 말할 수는 없는 것과 같다. 무엇보다도 예수님의 제자들이 부활을 전할 때 무덤에 예수님의 시신이 있었다면 유대 당국이 가만히 있었겠는가? 발견된 무덤은 예수 한 사람이 아니라 가족들의 묘지였는데, 그렇다면 어느 비밀한 장소에 숨겨져 있던 것이 아니라 장기간 사용되었던 장소였다는 거 아닌가. 그렇다면 제자들 자신이 그 사실을 몰랐을 리가 없다. 그게 사실이라면, 제자들은 거짓말을 위해 목숨까지 바쳐가며 부활을 증거했다는 얘기가 된다. 모든 정황으로 미루어보건대 그건 예수님의 무덤일 리 없다. 예수님의 무덤이라고 주장하는 자들의 동기는 무엇일까? 첫째는 예수님의 부활을 근본적으로 부인함으로써 기독교 신앙의 기초를 허물고자 하는 것이고, 둘째는, "다빈치 코드"처럼 미디어의 돌풍을 일으켜 상업적 이익을 챙기려는 것일 것이다. 그들의 동기와 상관 없이 양상은 그리 흘러가고 있다.

이 논쟁의 진위 여부를 떠나서 양측 모두 일치하는 점이 한 가지 있다. 그것은 기독교의 사활은 예수님의 부활에 달렸다는 것이다. 바울은 죽은 자의 부활을 부인했던 고린도 교회의 일부 교인들을 향해 이렇게 말했다. "만일 죽은 자가 다시 사는 것이 없으면 그리스도도 다시 사신 것이 없었을 터이요 그리스도께서 다시 사신 것이 없으면 너희의 믿음도 헛되고 너희가 여전히 죄 가운데 있을 것이요 또한 그리스도 안에서 잠자는 자도 망하였으리니 만일 그리스도 안에서 우리의 바라는 것이 다만 이생 뿐이면 모든 사람 가운데 우리가 더욱 불쌍한 자리라"(고전 15:16-19). 고린도 교인들 중에는 부활 자체를 부인했던 자들이 있었다. 그들은 영을 중시하고 육을 천시하는 영지주의적 이원론에 젖어서 영혼의 감옥인 육체에서 영혼이 벗어나는 것을 구원으로 이해했던 것으로 보인다. 따라서 그들에게 몸의 부활은 구원이 아니라 영원한 속박이었다. 하지만 몸의 부활이 없다면 그리스도의 부활도 있을 수 없고, 그리스도의 부활이 없다면 그리스도를 믿는 신앙은 헛된 것이 된다. 부활의 소망이야말로 바울이 숱한 고난과 핍박을 견뎌가면서까지 붙잡고 전했던 복음의 핵심이었다. 바울은 부활에 모든 것을 건 사람이었다. 아니 그는 부활 때문에 전혀 다른 삶을 살기 시작한 사람이다. 바울 뿐 아니라 모든 그리스도인이 그와 같다. 그리스도인은 누군가? 예수님을 믿는 자들이다. 예수님이 하나님의 아들이시며 세상의 구주가 되심을 믿는 자들이다. 그 믿음의 근거는 무엇인가? 바로 예수님의 부활이다.

그리스도의 부활은 역사적 사실이다. 일단 여기서 출발해야 한다. 예수님의 십자가의 죽음으로 실의에 빠져 있던 제자들이 변하여 순교의 자리에까지 나아가도록 그리스도의 증인이 된 것은 부활하신 주님을 만났기 때문이다. 예수 믿는 자들을 증오하고 핍박했던 바울이 누구보다도 열렬한 예수님의 사도가 된 것은 부활하신 예수님을 만났기 때문이다. 달리 어떻게 설명할 수 있겠는가? 그리스도의 부활이 확실한 역사적 사실이라면, 그에 따른 논리적 결과는 무엇인가? 첫째, 그리스도는 단순한 인간이 아니라 신성을 지니신 하나님의 아들이요, 세상의 구주와 주님이시다. 둘째, 그분의 죽음은 그분의 죄나 무력함 때문이 아니라, 특별한 목적을 위해 자발적으로 당하신 것이다. 그분이 십자가에서 당하신 하나님의 진노와 저주는 인류를 대신해서 당하신 것이었다. 셋째, 이제 예수님을 믿음으로 예수님과 하나 된 자들은 예수님의 부활에 동참할 수 있게 되었다. 성경이 말하는 구원은 몸이 다시 사는 것이다. 죄로 인해서 죽음이 세상에 들어왔지만, 이제 그리스도의 대속으로 인해 죄가 해결되었기에 우리의 몸도 죽음에서 벗어나 생명을 얻게 되었다. 예수님의 부활은 예수님이 누구신지, 무슨 일을 하셨는지, 그분을 믿는 자들이 받을 구원이 어떤 것인지를 보여주는, 놀라운 하나님의 능력의 역사(役事)였다.

이토록 부활이 기독교의 존립을 좌우할 만큼 중요한 구원사적 사건이기에, 사탄이 끊임없이 부활을 공격하고 부활신앙을 무너뜨리려 하는 것은 당연하다. 그리스도인이라고 자처하는 자들 중에서도 부활신앙으로 살지 않고 기독교를 단지 도덕적으로 선한 삶을 살라고 하는 윤리적 가르침 정도로 격하시키는 자들이 있다. 기독교는 생명의 역사(役事)다. 예수님을 믿는 자들은 이미 영이 살아난 자들이다. 언젠가 주님이 다시 오실 때 몸도 함께 살아날 것이다. 그때까지 우리는 "이미와 아직"(already and not yet)이라는 하나님 나라의 이중 구조 안에서 우리 몸의 행실을 성령의 능력으로 죽이는 제자의 길을 가야 한다. 그렇게 살아야 할 근거가 있다면, 그게 바로 부활이다. 그것이 부활신앙이다.

38. 부활의 소망

"오호라 나는 곤고한 사람이로다. 이 사망의 몸에서 누가 나를 건져 내랴"(롬 7:24). 사도 바울의 고백이다. 로마서 7장 후반부에서 바울은 자신이 어떻게 죄로 인해 갈등하는지를 적나라하게 드러낸다. 그 갈등의 정점에서 터져 나온 외침이 바로 이 고백이다. 신학자들은 바울의 이 모습이 회심 전인지 아니면 후인지를 두고 갑론을박한다. 나는 회심 후일 뿐 아니라 성숙한 그리스도인의 모습이라고 본다. 죄에 대해 이처럼 민감할 수 있다면 그만큼 의를 사모하는 마음이 있는 것이라고 보기 때문이다. 그렇다면 바울은 이 고민에 대한 해결책을 어디서 찾고 있는가? 바울의 해결책은 8장 초반이 아니라 중반에 나온다. 8장 초반에는 육신을 좇지 않고 성령을 좇아 행함으로써 승리하는 모습이 나오는데, 바울은 지금 그 정도의 승리를 갈구하는 것이 아니다. 바울은 자신 안에 있는 육신과 싸워 이기는 삶이 아니라, 육신 자체로부터의 해방을 갈구하고 있다. 그 해방은 23절에 나오는 몸의 구속을 통해서만 이루어질 수 있다. 몸은 그 자체가 죄악된 것은 아니지만, 그 연약함 때문에 죄의 도구가 될 수 있기 때문이다. 우리의 몸이 구속되는 날, 즉 몸의 부활을 통해 영광스럽게 변하는 날, 그 날 우리는 비로소 다시는 죄의 굴레에 얽매지 않는 진정한 자유의 몸이 될 것이다. 바울이 고대하는 사망의 몸에서 건짐 받는 것은 바로 그 일을 가리킨다.

부활을 믿는가? 그리스도인이라면 누구나 '그렇다'라고 대답할 것이다. 부활을 소망하는가? 이 질문에 대한 대답은 의외로 간단하지 않다. 많은 사람들이 부활이 가져다줄 구원의 능력에 대해서는 잘 모르기 때문이다. 천국을 사모한다고 하면서도 이 세상 삶에 집착하면서 조금이라도 더 오래 살고 싶어 하거나, 이 땅의 삶을 눈물과 고생으로만 여기면서 도피처로서의 천국만 사모하는 이들도 있다. 어느 쪽이든 천국의 본질인 부활의 생명을 잘 몰라서 생긴 결과다. 부활은 죄와 죽음으로부터 해방되는 사건이다. 그것은 하나님의 생명에 동참하는 것이며, 거룩함과 의로움이 완전히 체현된 상태다. 거듭남을 통해서 성령님을 모시게 된 자들은 그 천국의 삶을 여기서 미리 맛볼 수 있다. 그 생명을 체험할수록 우리는 구원의 완성인 부활을 더욱 사모하게 될 것이다. 부활에 대한 갈망이 없는 것은 그 생명을 잘 모르고 있고 또 누리지 못한 탓이다. 성령의 충만을 맛본 자일수록 바울처럼 그 완성을 기다리며 탄식하고 고대할 수밖에 없는 것이다.

39. 부활과 믿음

많은 종교 가운데 왜 굳이 기독교를 믿어야 하느냐는 질문을 받는다면, 나는 그리스도의 부활 때문이라고 대답할 것이다. 종교는 삶과 죽음과 관련된 인간의 궁극적인 문제를 해결하기 위해 존재하는데, 그 문제의 특성상 어느 종교의 가르침이 옳은지를 말하기는 매우 어렵다. 특별히 죽음 이후의 상태에 대해서는 죽어보기 전에는 알 수 없고 추측만 할 수 있을 뿐이다. 과연 사후 세계는 존재하는가? 또 다른 삶으로 복귀하는 윤회가 있는가? 유신론이 주장하는 대로 신이 있고 최후의 심판이 있는가? 죽은 후에 겪어보지 않고는 그걸 어떻게 안다는 말인가? 하지만 죽음 이후를 경험하고 돌아온 자가 있다면 얘기는 달라진다. 그들은 추측이 아니라 경험으로 알게 되었기 때문이다. 문제는 죽음 이후를 경험한 사람들의 증언이 극히 제한적이며 서로 다르다는 점이다. 이들이 과연 실제로 죽음 이후를 경험한 것인지, 아니면 삶과 죽음의 경계선에서 서 있었던 것인지, 그래서 사후 세계라기보다는 삶의 끝을 경험한 것인지, 누가 확실히 말할 수 있겠는가?

그리스도의 부활은 이 모든 불확실한 가정과 추측을 일시에 덮고 잠재울 만한 사건이다. 예수님의 부활은 그 성격상 다른 모든 회생체험과 전혀 다르다. 주님은 자신의 부활을 미리 예고하셨고, 죽은 지 얼마 지나지 않아 깨어나신 것이 아니라, 삼일이나 무덤 안에 계셨다가 살아나셨으며, 무엇보다도 다시는 죽지 않는 영생의 몸을 입은 채 살아나셨다. 주님의 부활은 회생이나 환생과는 전혀 다른, 죽음을 잠시 연기한 것이 아니라 근본적으로 죽음을 극복한 사건이었다.

그리스도께서 그렇게 부활하셨다는 것을 우리는 어떻게 알 수 있는가? 여러 정황과 증거를 말할 수 있지만 무엇보다도 목격자들의 증언을 통해 알 수 있다. 부활하신 주님을 실제로 만난 자들이 있었다. 한 두 명이 아니라 여러 차례, 여러 다른 그룹의 목격자들이 있었다. 이들은 부활하신 주님을 만난 후에 삶이 달라졌고, 심지어는 부활을 전하기 위해 자기 목숨까지 기꺼이 바쳤다. 역사상 가장 선하고 진실하고 거룩한 사람들이 이토록 간절하게 증거한 다른 사건이 있었던가? 나는 이들 증인들의 증언을 믿는다. 주님의 부활이 사실이라면, 주님이 하신 모든 말씀도 사실일 것임을 믿는다. 내 믿음이 헛되지 않은 줄 내가 아는 것은, 나 또한 주님을 믿은 후에 내 속에서 역사하시는 주님의 생명을 체험하게 되었기 때문이다.

40. 지옥에 대해서

기독교의 교리 중에 지옥처럼 어려운 것은 없다. 지옥의 교리가 주는 어려움은 두 가지인데, 하나는 형이상학적인 것이고 다른 하나는 도덕적인 것이다. 형이상학적인 어려움이란 지옥의 실제적 성격이 무엇이냐 하는 것이다. 지옥은 장소인가, 상태인가, 아니면 둘 다인가? 계시록은 지옥을 불못으로 묘사하는데, 그렇다면 육체를 지니지 않은 영적 존재들인 사탄과 그의 졸개들이 그곳에 던져진다는 것은 무슨 의미인가? 더욱이 존재라고도 할 수 없는 사망과 음부(죽은 자들의 세계)도 불못에 던져진다면, 지옥은 우리가 흔히 생각하는 물리적 불구덩이가 아닌 것이 분명하다. 그렇다면 지옥의 실상은 무엇이란 말인가? 지옥이 가져다주는 도덕적 어려움은 유한한 인간들이 무한한 고통을 당한다는 사실에 있다. 영원한 의식적 고통을 겪는 것이 지옥이라면, 인간의 죄에 대한 형벌이라 해도 형평성에 어긋난다고 말하지 않을 수 없다. 어떤 이들은 죄가 행해진 대상인 하나님이 영원하시기 때문에 그 형벌도 영원할 수밖에 없다고 설명하는데, "내가 범죄하였던들 주께 무슨 해가 되오리이까"라는 욥의

항변에 동의하지 않을 수 없다(욥 7:20). 신학자 클락 피녹(Clark Pinnock)은 화상 입은 환자들의 병원을 방문해본 적이 있느냐고 물으면서, 화상이 가져다주는 일시적인 고통도 말로 다 할 수 없을 만큼 혹독한데 영원히 꺼지지 않는 불로 소금 치듯 한다는 지옥 개념이 얼마나 가혹한지 생각해 보라고 말한다. 지옥에 대해 진지하게 생각할수록 이 교리는 정말 이해하기도, 받아들이기도 어렵다는 것을 알게 될 것이다. 그렇기에 존 스토트(John Stott) 목사님은 눈물 없이 지옥에 대해 말하는 그리스도인들을 이해할 수 없다고 하셨다. 하지만 우리는 지옥의 교리를 피해갈 수 없다. 성경이 분명히 가르치고 있고, 특별히 주님께서 강조하셨기 때문이다. 그렇다면 우리는 지옥의 교리를 어떻게 받아들여야 하겠는가?

최근에 지옥을 새롭게 이해하고자 하는 노력들이 있다. 그 대표적인 것이 조건적 불멸설, 또는 영혼멸절설이란 것이다. 이 입장은, 불멸성은 인간이 창조될 때 본래부터 주어진 것이 아니라 구원받은 자들에게만 주어진다고 주장한다. 따라서 구원받지 못한 사람들은 심판 후에 멸절된다고 본다. 이 입장은 지옥을 부인하는 것으로 오해되곤 하는데, 지옥 자체를 부인하는 것이 아니라 그 성격을 새롭게 조명하는 것이다. 성경은 지옥을 불못 뿐 아니라 바깥 어두운 곳으로 묘사하기도 하고, 불신자들의 최후 운명을 영원한 멸망으로 말하기도 하기 때문에, 지옥을 완전한 멸망으로 이해할 수 있다는 것이다. 아직까지는 소수의 신학자들의 지지를 받고 있지만, 앞으로 이 입장이 더욱 확대될 것으로 보인다. 이들은 우리의 전통적인 지옥 이해가 헬라의 영혼 불멸설을 전제하기 때문에 성경적이라기보다는 헬라철학의 영향을 더 많이 받았다고 지적한다.

　나는 여기서 지옥 자체보다는 지옥에 가는 사람들에 대해 생각해보고자 한다. 먼저 기억해야 할 것은 최후의 심판 후에는 더는 회개할 수 없다는 것이다. 무슨 말인가? 인격이 죄와 악에서 벗어날 수 있을 때만 회개가 가능하다. 전 인격이 악에 사로잡히고 함몰된다면, 더는 악과 분리될 수 없다. 사탄이 악의 화신인 것처럼 지옥에 가는 사람은 선의 여지가 남지 않은 채 악과 동일체가 된 사람이다. 인간 안에 존재하는 죄와 악은 그만큼 강력하고 파괴적이다. 하나님의 은혜가 붙들어주시기에 악이 제어되는 것이지, 심판 후에 그러한 통제가 사라지면 인간은 악에 삼켜질 수밖에 없다. 이것을 하나님의 형상이라는 관점에서 본다면, 하나님의 형상을 간직한 인간이 영원히 하나님의 버림을 받는다는 것은 상상하기 어렵다. 따라서 지옥에 가는 자들은 하나님의 형상을 상실한 자들이며, 그런 자들은 더는 인간이라고 부를 수 없다. C. S. 루이스는 그런 존재를 인간의 잔재(human remains)라고 불렀다. 마치 영혼이 떠난 몸은 그저 시체일 뿐 더는 사람이 아니듯이, 하나님의 형상을 상실한 영혼은 인간의 잔재일 뿐 인간이 아닌 것이다. 물론 이런 설명으로도 지옥의 어려움이 사라지는 것은 아니다. 우리가 사랑하는 사람들이 영원히 지옥의 불못에서 고통을 겪게 되는 것과, 그들이 끝내 악에 삼켜진 나머지 우리가 아는 그 사람들로는 더는 존재하지 않는 것 가운데 어느 쪽이 더 쉽다고 말할 수 없기 때문이다. 나로서는 내가 사랑하는 사람들이 지옥의 극심한 고통을 겪는 쪽보다 악에 빠져 끝내 하나님의 형상과 그 인격을 상실하는 편이 더 마음을 서늘하게 한다. 지옥은 악의 유형지다. 가장 두려운 것은 악에 빠지는 것이며, 따라서 회개만 구원의 길이요 은혜이다.

41. "지옥에 내려가셨다가"

우리말 사도신경 번역본에는 없지만 라틴어나 영어 번역본의 사도신경에는 "장사된 지"와 "사흘 만에" 사이에 "지옥에 내려 가셨다가"라는 문구가 있다. 이 문구가 본래 있는 것인지, 또 그랬다면 그 의미는 무엇인지에 대해 많은 논란이 있어왔다. 결론부터 말한다면, "지옥에 내려가셨다가"라는 문구는 본래 없었고 후대에 삽입된 것이다. 주후 650년 이전에는 이 문구가 포함된 사도신경 사본이 전혀 없었고, 단지 주후 390년경 루피누스(Rufinus)로부터 내려오는 두 판본 중 하나에 포함되어 있었다. 하지만 루피누스는 지옥이 아니라 무덤을 의미했고, 따라서 이 문구는 "장사되었다가"라는 말과 같은 뜻이었다. 그랬던 것이 주후 650년에 누군가에 의해서 잘못 삽입되었고, 그 후 이 문구가 의미하는 것이 무슨 뜻인지에 대해서 여러 이론과 설명이 제시되었다. 어떤 이들은 이 문구를 음부(하데스, 죽은 자들이 세계)로 해석하는가 하면, 지옥(게헨나)으로 해석하는 이들도 있다. 후자의 입장을 취하는 자들은 예수님이 지옥의 고통까지 다 당하셨다고 해석하기도 하고, 벧전 3:18-20과 결부하여 예수님이 죽으신 후 옥에 내려가셔서 복음을 전하셨다고 주장하기도 한다. 하지만 사본학적 증거를 볼 때, 이 문구는 본래 사도신경에 없었으며, 이 문구를 어떻게 해석할 것인가에 대한 모든 논쟁은 사실상 무의미하다고 할 수 있다.

사본학적인 증거를 떠나 신학적으로도 "지옥에 내려가셨다가"라는 문구가 포함되어야 한다고 주장하는 자들 중에는 주님이 지옥의 고통까지 맛보셔야 죄인들을 위한 그분의 구속사역이 완전해진다고 생각하는 이들이 있다. 하지만 이들은 주님이 십자가에서 운명하시기 전에 "다 이루었다"고 말씀하셨음을 기억해야 한다. 칼빈은 여기서 지옥을 죽음 후의 상태로 보기보다는 십자가에서 주님이 당하신 지옥 같은 영적 고통으로 해석한다. 주님은 사람들의 눈에 보이는 육체적 고통 뿐 아니라 눈에 보이지 않는 영적 고통을 당하셨다는 것이다. 그것은 율법의 저주를 받고 하나님으로부터 버림받으시는 고통이었다. 물론 주님의 영적 고통을 지적한 칼빈의 설명은 옳지만, 사도신경에 이 문구가 반드시 포함되어야 하며 그 의미는 주님이 영적 고통을 당하셨다는 뜻이라는 그의 주장은 설득력이 없다. 주님이 십자가에서 죽으셨다는 고백 안에 그 모든 내용이 다 포함된다고 할 수 있기 때문이다. 정말 중요한 것은 주님이 장사된 것으로 끝나지 않고 사흘 만에 다시 살아나셨다는 것이다.

42. 죽음 그 이후

인생의 가장 심각한 문제는 죽음이다. 왜냐하면 다른 모든 문제들은 인생살이 안에서 일어나는 일이지만, 죽음은 인생 그 자체를 끝내는 것이기 때문이다. 예부터 죽음을 보는 몇 가지 관점은 다음과 같다.

첫째, 죽음 후의 일은 알 수 없다는 불가지론이다.

둘째, 죽음으로 모든 것이 끝난다는 입장이다.

셋째, 죽음 후에 다른 삶으로 다시 태어난다는 윤회의 관점이다.

넷째, 죽음 후에 부활이 있다고 믿는 기독교 신앙이다.

어느 관점이 옳은지는 사람들마다 자신들의 종교나 세계관에 따라 다를 것이다. 나는 기독교인의 입장에서 당연히 네 번째 부활의 입장을 지지한다. 하지만 잠시 어느 관점이 옳은지의 문제를 내려놓고, 어느 관점이 인간에게 가장 큰 소망을 주는지를 생각해보자. 불가지론은 우리에게 불안감을 주고 삶의 의미를 제시하지 못할 것이다. 죽음으로 모든 것이 끝난다고 보는 입장은 우리에게 극도의 허무감을 불러일으킨다. 삶에 지쳐서 죽음이 안식처럼 보일 때가 있지만, 잠시 동안의 휴식이 아니라 그것으로 모든 것이 끝나는 것이라면 결국 허무의 바다에 빠지지 않겠는가? 죽음 후에 윤회가 있다면 사람들은 더 나은 삶으로의 회생을 기대하겠지만, 윤회의 진짜 강조점은 영겁을 반복하는 순환의 사슬에서 벗어나야 한다는 것이 아니던가. 사실 이생이 고해요 슬픔이라고 느끼는 자들에게는 윤회란 결국 영원한 고통의 순환을 의미한다.

그렇다면 부활은 어떤가? 성경에는 두 종류의 부활이 있다. 한쪽은 생명의 부활이요 다른 쪽은 심판의 부활이다(요 5:29). 부활이라고 다 좋은 것이 아니다. 생명의 부활을 택해야 한다. 생명의 부활은 무엇인가? 우리는 예수님을 믿고 거듭날 때 새 마음을 받고 부활 때 새 몸을 받는다. 이 부활의 몸은 영원한 생명의 몸이며, 약하거나 병들거나 죽지 않는다. 이 몸은 의를 행하기에 합당한 영의 몸이다. 우리는 거룩한 존재가 되어 주님과 함께 성령 안에서 의와 평강과 희락 가운데 있게 될 것이다. 영원한 진리와 선, 아름다움 그 자체이신 하나님과 더불어 다함이 없는 교제를 즐길 것이다. 나는 부활을 믿을 뿐 아니라, 이 부활을 너무나 고대한다. 부활 이상의 소망은 우리 인간에게는 없다.

2부
교회다움에 관하여

교회의 영성

1. 교회의 영성(1): 깨어짐의 영성

교회다운 교회가 추구하는 영성은 무엇보다도 "깨어짐"(bro-kenness)의 영성이다. 산상수훈의 팔복에 처음 나오는 "심령이 가난한 자"가 우리의 출발점이 되어야 한다고 믿는다. 우리는 우리 자신이 하나님 앞에서 어떤 존재인지를 명확히 인식하는 데서 출발해야 한다. 이 중심을 놓치면 우리의 영성은 그 방향을 잃을 수밖에 없다. 우리가 그 동안 읽고 묵상해 온 책들-갈보리 언덕, 영의 해방 등-이 한결같이 가리키고 있는 곳도 바로 이 깨어짐의 자리다. 우리는 하나님 앞에서 우리는 영적으로 파산한 상태에 있는 자들임을 인정한다. 우리는 온전히 하나님의 은혜만을 의지해야 할 자들임을 뼛속 깊이 고백한다. 깨어짐의 영성은 우리가 질그릇들임을 인정하는 것이요, 십자가의 길을 가겠다는 것이며, 갈 2:20의 바울의 고백처럼 "Not I, but Christ"라고 인정하는 것이다. 깨어짐의 영성은 다름 아닌 회개의 영성이다. 그렇다면 깨어짐의 영성의 특징은 무엇인가?

첫째, 겸손(humility)이다. 겸손은 자기를 주장하지 않고 기꺼이 자기를 낮추려는 태도다. 겸손은 소극적으로는 자기부인이요, 적극적으로는 순종의 태도다. 겸손은 신성의 본질이다(Humility is the heart of Deity). 겸손은 바로 그리스도의 품성의 핵심이다. 둘째, 배우려는 자세(teachableness)다. 깨어진 사람은 언제나 배우려고 한다. 다 이루었다고 생각하지 않고 자신의 부족을 인정하면서, 기꺼이 타인의 충고를 듣고자 하며, 계속해서 배우고 성장하려고 한다. 셋째, 쉽게 접근할 수 있는 열린 태도(approachableness)다. 깨어진 사람은 부드럽다. 온유하다. 기꺼이 다른 사람을 받아들이고자 한다. 그래서 쉽게 접근할 수 있고 친근감을 준다.

우리 모임 가운데 누구에게서 이 깨어짐의 영성을 느낄 수 있을까? 우리를 대할 때 사람들이 '아, 여기엔 깨어진 사람들이 모였구나.'라고 느낄 수 있을까? 우리 모두 깨어진 사람들이 되기를 바란다.

2. 교회의 영성(2): 생명의 능력의 영성

영성은 분위기가 아니다. 느낌도 아니다. 주관적 체험에 그치지도 않는다. 참된 영성은 실재(reality)에 대한 것이며 실재를 반영한다. 그리스도인의 영성은 성령의 실재를 경험하고 그 실재를 표현하는 것이다. 그 영적 실재의 강력한 증거는 능력이다. 질그릇 교회가 추구하는 영성은 바로 이 권능의 영성, 성령의 능력의 영성이다.

"깨어짐의 영성"은 결코 나약한 것이 아니다. 우리의 혈기가 강한 듯해도 실제로는 무력하지만, 성령의 역사는 강력하다. 우리의 자아가 깨어질 때 성령께서 역사하실 수 있고, 성령의 역사는 강력한 권능으로 나타난다. 바울은 고린도에서 복음을 전할 때 "약하고 두려워하며 심히 떨었지만" 성령의 나타남과 능력으로 그 일을 행했다고 말한다(고전 2:3-4). 능력 없는 영성은 참된 영성이 아니다. 바울은 "하나님의 나라는 말에 있지 않고 오직 능력에 있다"고 말한다(고전 4:20). 또 "경건의 모양은 있으나 경건의 능력은 부인하는 자들"을 조심하라고 엄히 경고한다(딤후 3:5). 청교도들은 우리가 '영성'이라고 부르는 것을 '경건'

으로 불렀다. 진정한 경건의 특성은 모양에 있지 않고 능력에 있다. 현대 교회가 초대 교회와 다른 점은 바로 이 능력 있는 경건의 부재가 아닐까 싶다. 우리도 경건의 모양(form)은 훌륭하게 갖추고 있지만, 그 형태 안에 내용물, 즉 능력이 없는 경우가 많은 것이다. 초대교회 그리스도인들, 특히 성경의 그리스도인들은 성령의 능력을 체험했고 그 능력에 사로 잡혀 살았다. 영적인 그리스도인은 어떤 자인가? 성령의 능력을 아는 사람이다.

그렇다면 "능력있는 영성", 또는 경건의 능력이란 무엇인가? 그것은 어떤 특정한 은사들을 가리키는 것이 아니다. 경건의 능력은 우리가 깨어졌을 때 성령께서 우리의 전인격을 다스리심으로써 드러나는 성령의 실재이다. 그것은 내적으로는 우리가 죄를 이기고 승리하게 하는 성화의 능력이고, 외적으로는 담대한 복음 증거와 풍성한 열매를 주는 증거의 능력이다. 한 마디로 그리스도의 풍성한 생명을 삶에서 체험하게 하는 능력이다. 이 능력을 체험하는 것은 깨어짐을 통해서만 가능하다.

3. 교회의 영성(3): 거룩의 영성

기독교 영성의 기준과 특성은 성령님께 있다. 다시 말하면, 무엇이 참된 기독교 영성인지를 판단하는 기준은 성령님이시다. 성령님은 무엇보다도 거룩하신 분이다. 따라서 성령님을 좇는 영성에는 거룩함이 드러나야 한다. 거룩함이 결여된 영성은 결코 기독교 영성이 될 수 없다. 영적 실재의 증거는 경건의 능력이다. 그렇다면 경건의 능력은 어디서 오는 것일까? 경건의 능력은 거룩함에서 온다. 거룩함이 능력이다. 왜 그런가? 권능은 하나님께 속한 것인데(시 62:11), 하나님은 거룩하신 분으로서 거룩한 그릇을 통해서만 당신의 능력을 나타내시기 때문이다. 따라서 하나님의 능력을 체험하려면 우리는 반드시 거룩한 사람들이 되어야 한다.

그렇다면 거룩함이란 무엇이며, 우리는 어떻게 거룩해 질 수 있는가? 거룩함이란 죄로부터 온전히 분리되는 것이다. 그것은 도덕적 순결함을 뜻한다. 하나님께는 한 점의 악도 없고 도덕적 불완전함도 없다. 그분은 온전히 선하시고 의로우신 분이다. 거룩함이란 우리가 죄에서 떠나 바로 그러한 하나님의 성품에 부합하게 되는 것을 말한다. 그래서 기독교 영성은 다른 말로 성화라고도 할 수 있다. 우리는 예수 그리스도를 믿음으로써 위치적으로 거룩한 신분을 받았다. 우리는 신분적으로 하나님께 속한 자들이다. 이제 우리는 실제로도 거룩한 자들이 되어야 한다. 신분으로만 하나님께 속하는 것이 아니라 실제로 하나님을 닮은 거룩하고 흠이 없는 자들이 되어야 한다. 이것이 하나님이 우리를 구원하신 목적이기 때문이다. 우리는 성령님을 좇아 행함으로써 거룩하게 변화되어 간다. 특별히 거룩한 삶을 살기 위해서는 생각이 순결해야 한다. 육신의 정욕을 피할 뿐 아니라, 모든 거짓된 것과 육에 속한 것을 피해야 한다. 생각이 진실하고 죄에서 떠나 있을 때 우리의 삶 전체가 거룩해 질 수 있다. 우리의 말은 우리의 생각을 드러내는 창과 같다. 우리는 말을 통해 생각을 안다. 따라서 말을 조심해야 한다. 교회다운 교회가 추구하는 영성의 세 번째 특성은 바로 거룩함이다.

4. 교회의 영성(4): 사랑의 영성

기독교 영성의 기준이 성령님이시라면 성령님의 역사가 나타나는 것이 참된 영성의 특징이다. 성령님의 역사가 드러나는 모습 중 은사와 열매를 생각해 볼 수 있는데, 은사는 참된 영성의 기준이 될 수 없다. 은사를 받은 사람은 얼마든지 육적인 삶을 살 수 있기 때문이다. 은사가 많다고 해서 성령 충만한 것은 아니라는 것이다. (고린도 교회가 그 대표적인 예다.) 하지만 열매는 성령님의 지배를 받을 때에만 맺을 수 있기 때문에, 참된 영성의 기준이 된다. 성령의 열매의 대표는 사랑이다.

사랑의 본질은 자기를 위하지 않고 대상을 위하는 데 있다. 참된 사랑은 희생적이고 헌신적이다. 바른 영적생활은 굉장한 영적 체험을 하는 데 있지 않다. 그보다는 자신을 희생하고 남을 섬기는 것, 작은 일에서부터 남을 배려하는 사랑의 행동이야말로 바른 영적 생활의 모습이다. 참으로 영적인 사람은 자신의 성화에조차 집착하지 않는다. 오히려 자신을 잊고 하나님과 이웃을 사랑하는 일에 온전히 자신을 바친다. 아이러니하게도 성화를 추구한다고 하면서 사랑을 실천하기보다는 영적 수련이나 체험에 더 몰두하면, 자기 자신에게 더욱 집착하여 결과적으로 영적인 사람이 되기보다는 더욱 육적인 사람이 될 수도 있다.

갈라디아서 5:22-23에 나오는 성령의 열매는 실상 사랑을 묘사한 것이다. 사랑으로 충만한 사람은 기쁨과 평화를 누린다. 온전한 사랑은 두려움을 내어 쫓기 때문이다. 사랑은 그 대상을 향해 오래 참고 긍휼히 여기며 선을 행한다. 사랑은 자신을 다스리면서 변함없이 일관된 성실함과 자신의 혈기를 제어하는 온유함과 절제를 드러낸다. 사랑은 맹목적인 감정 충동이 아니라 성령님의 지배를 받음으로써 나타나는 그리스도의 품성이다. 진정한 영성은 사람들에게 위압감을 주는 것이 아니라, 편안함과 따뜻함을 주는 것이다.

5. 교회의 영성(5): 말씀의 영성

주님은 "내가 너희에게 이른 말이 영이요 생명이라"고 말씀하셨다(요 6:63). 주님은 당신의 말씀이 생명을 주시는 성령의 산물(産物)이라고 하신다. 흔히 말씀과 성령을 따로 생각하는 경향이 있다. 마치 성령과 말씀 중 한쪽을 더 강조하거나 한쪽만을 취할 수 있다는 식으로 말이다. 하지만 이는 잘못된 관점이다. 말씀과 성령은 함께 일하신다. 말씀은 성령으로부터 나오며('성령의 영감') 성령이 쓰시는 검이며, 성령은 말씀을 통해 일하신다. 그리스도인은 말씀을 통해 성령을 경험하고, 성령의 역사로 말씀을 체현하는 자들이다. 성령체험으로 이끌지 않는 말씀은 문자일 뿐이요, 말씀의 뒷받침이 없는 영적 체험은 성령의 역사라고 볼 수 없다. 기독교 영성이 하나님을 만나고 체험하는 것이라면, 이 일은 말씀과 성령의 역사를 통해서만 가능하다.

성령의 역사를 통해 경험하는 말씀의 능력이란 무엇인가? 첫째, 말씀은 우리에게 생명을 준다. 베드로도 우리가 거듭난 것이 하나님의 말씀으로 된 것이라고 했다(벧전 1:23). 둘째, 말씀은 우리를 영적으로 자라나게 한다(벧전 2:2). 하나님의 말씀은 하나님의 사람들의 영적 양식이기 때문이다(마 4:4). 셋째, 말씀은 우리를 깨끗하게 한다. 우리는 말씀으로 깨끗하게 될 때 열매를 풍성히 맺을 수 있다(요 15:2-3). 넷째, 말씀은 우리를 자유롭게 한다. 주님은 우리가 주님의 말씀에 거할 때 주님의 제자가 되며, 진리이신 그 말씀을 앎으로써 자유케 된다고 하셨다(요 8:31-32). 다섯째, 말씀은 우리를 거룩하게 한다. 주님은 아버지 하나님께 기도하시면서 진리이신 아버지의 말씀으로 제자들을 거룩하게 해 달라고 간구하셨다(요 17:17). 그 외에도 말씀은 우리를 강건케 하고, 인도하고, 우리의 영적 전투에 무기가 되며, 우리를 지혜롭게 하고, 우리를 든든히 세우신다. 이러한 말씀의 능력을 체험하는 것이 진정한 성령체험이다. 그래서 바울은 성령의 충만과 말씀의 충만을 실제 같은 것으로 묘사한 것이다(엡 5:18-21; 골 3:16-17). 참된 영성은 성령을 따라 사는 것이며, 성령은 말씀을 통해 우리에게 역사하신다. 말씀의 능력을 맛보았는가? 하나님의 말씀은 살았고 운동력이 있다(히 4:12). "말씀의 영성"을 추구하자.

6. 교회의 영성(6): 기도의 영성

기독교 영성의 필수 요소 중 하나는 기도이다. 기독교의 기도는 불교나 힌두교의 참선이나 명상과는 근본적으로 다르다. 참선이나 명상은 어떤 초월적이고 인격적인 존재와의 교류를 추구하지 않고 정신집중 수행을 통해 의식의 변형(altered consciousness), 즉 깨달음을 목표로 한다. 반면에 기독교의 기도는 살아계시고 인격적인 하나님과 영적으로 교제하는 상호적이며 관계적인 행위다. 유대교나 이슬람교도 기독교와 마찬가지로 유일한 인격적 신을 믿기에 기도가 있다. 하지만 이슬람교는 숙명론을 믿기 때문에 기도를 통해 신의 응답을 받는다는 생각을 하기 힘들고, 또 현대의 유대교도 기독교에서 강조하는 만큼 인격적인 하나님과의 교제라는 측면에서의 기도를 강조하는 것 같지 않다. 누구든 기도를 하지만, 사실상 기독교 영성의 독특한 측면이 바로 이 인격적이고 관계적인 기도라고 할 수 있다. 우리가 하나님을 살아계시고 인격적인 분으로 믿는다면, 또 예수님을 통해서 하나님을 아버지라고 부르며 그분께 담대히 나아갈 수 있는 자격을 얻었다고 믿는다면, 그리스도인들에게 기도만큼 자연스러운 영적 활동이 없고, 기도만큼 놀라운 특권이 없을 것이다.

기도는 하나님과의 대화이다. 나만 말하는 듯하여도 하나님은 우리의 기도를 다 들으신다. 하나님은 우리의 마음과 생각 속에 당신의 음성을 들려주신다. 성경 말씀을 생각나게 하여 하나님의 뜻을 깨닫게도 하신다. 성숙해갈수록 기도를 통해 하나님과 교제하고 하나님의 인도를 받는 것이 자연스러운 삶의 일부가 될 것이다. 기도의 영성이 없는 참된 기독교 영성은 없다. 성령을 좇아 행한다는 것도 기도 속에서 하나님과 깊은 관계를 누리는 삶을 포함한다.

기도의 영성을 계발하려면 어떻게 할 것인가? 첫째, 늘 주님께 귀 기울이는 훈련이 필요하다. 주님을 찾고 주님을 위해 사는 자세가 필요하다. 둘째, 하나님을 믿고 신뢰하는 훈련이 필요하다. 자아의 생명으로 살려는 경향에서 벗어나 범사에 하나님을 인정하고, 그분과 동행하며, 그분의 생명 원리로 살아가기 위해서는 믿음이 꼭 필요하다. 기도는 이론이 아니다. 기도는 기도로 배울 수밖에 없다. 교회다운 교회의 영성은 기도의 영성이다. 기도로 살아계신 하나님과의 생명력 넘치는 관계를 체험하는 것, 그것이 성도다운 성도, 교회다운 교회를 형성한다.

7. 교회의 영성(7): 믿음의 영성

기독교 영성은 좁게는 하나님과의 관계를 말하고, 넓게는 그 관계가 삶의 모든 영역에 확장되는 것을 말한다. 하나님과의 관계의 핵심은 하나님 편에서는 우리를 사랑하시고 인도하시는 것이고, 우리 편에서는 하나님을 신뢰하고 순종하는 것이다. 영성의 핵심 요소인 말씀과 기도가 하나님과의 관계의 틀을 정하는 것이라면, 그 틀 안에서 이루어지는 실제적인 교류는 하나님과의 사랑의 사귐이다. 바로 여기에 믿음의 자리가 있다. 믿음은 인격적이신 하나님과의 관계에서 우리가 하나님께 보이는 반응을 말한다. 그것은 우리를 향한 하나님의 우선적인 신실하심(faithfulness)에 대한 반응이다. 기독교 영성은 "믿음의 영성"이다.

믿음에 있어서 가장 중요한 것은 대상이다. 믿음이 반응이라면, 그 반응의 성격은 대상이 누구냐에 따라 결정된다. 우리가 하나님을 우리 삶에 전혀 간섭하지 않으시는, 그저 멀리 계신 무관심한 분으로 생각한다면, 우리는 그분의 관심을 사고 환심을 얻기 위해 무언가를 하려고 할 것이다. 혹은 하나님을 맘씨 좋은 할아버지 정도로 생각한다면, 우리의 믿음은 내가 원하는 것을 해달라고 졸라대는 투정 같은 것이 될 것이다. 그러나 우리가 믿는 하나님은 절대 주권을 가지신 만유의 주재이시다. 우리를 사랑하시고 불쌍히 여기시는 아버지이시다. 따라서 하나님께 대한 바른 태도, 바른 믿음은 그 하나님을 전 존재로 사랑하고, 모든 일상에서 사랑하고, 경외심과 신뢰, 온전한 순종으로 사랑하는 것이어야 한다. 기독교 영성의 한 특징인 경건의 능력도 하나님의 사랑과 신실하심에 대해 하나님을 기쁘시게 하려는 반응이 우리 마음 깊은 곳에서부터 우러나와 표현된 믿음의 실재(reality)를 의미한다. 따라서 참된 경건의 능력은 반드시 순종하는 믿음으로 드러나기 마련이다. 하나님을 사랑하는가? 그분을 경외하는가? 하나님을 신뢰하는가? 무엇보다도 하나님께 순종하는가? 참된 영성은 신비적인 체험의 문제가 아니다. 날마다 일상에서 믿음으로 하나님과 동행하는 문제다. 하나님을 신뢰하고 순종하는 일이다.

8. 교회의 영성(8): 예배의 영성

영성을 하나님과의 관계에서 고려할 때, 그분의 말씀을 통해 음성을 듣고, 그분께 기도를 통해 나아가며, 믿음으로 그분과 동행하는 삶을 주요 내용으로 하고 있다고 생각할 수 있다. 그런데 여기에 한 가지 더해야 할 하나님께 대한 합당한 태도가 있다. 아니 사실 이 모든 것들을 포괄하는 개념일 수도 있다. 그것이 바로 예배이다.

인간의 문제는 죄이며, 죄의 본질은 자기가 하나님 되겠다는 욕망이다. 인간은 피조물인 자신의 위치에 머무르려 하지 않고 스스로 하나님의 자리에 앉기를 원하는 존재라는 것이다. 이런 속성이 우리의 사고방식과 의지에 깊게 뿌리 내리고 있어서 인간은 본성적으로 자기중심적인 성향을 보인다. 즉 인간은 자기중심적인 성향을 가장 자연스러운(natural) 상태로 여기는 존재라는 뜻이다. 이러한 성향을 극복하고 하나님과의 바른 관계를 회복하여 하나님을 하나님으로 대접하는 일을 예배라고 부른다.

예배는 하나님의 하나님 되심을 인정하는 일이다. 하나님의 하나님 되심을 기뻐하며 그분을 높이고 즐거워하는 일이다. 우리의 시선이 자기만을 향하지 않고 하나님을 향하여 열려 있을 때, 그리하여 하나님의 영광을 보고 즐거워하고 하나님의 생명이 우리 안으로 흘러 들어오는 영적인 순환이 일어날 때, 우리는 예배가 인간의 존재 방식이고 목적이라는 것을 알게 된다. 인간은 예배조차도 내가 은혜 받는 수단으로 삼을 수 있다. 감정이 허락하면 찬양하고 마음이 동할 때만 그분께 나아간다. 하지만 예배의 삶을 살지 않는다면, 그가 하는 어떤 봉사나 간증도 껍데기에 불과하다. 먼저 믿음으로 하나님을 인정하고 순종의 의지를 발하여 그분을 기뻐해야 한다. 그때 하나님께서 당신의 영광을 보게 해 주시고, 우리는 깊은 은혜를 체험하게 된다. 이러한 체험은 우리를 더욱 깊은 예배로 나아가게 하고, 이런 선순환이 더욱 심화되는 것이 성숙이다. 하나님을 아는 자만이 하나님을 예배하고, 하나님을 예배하는 자만이 하나님을 알 수 있다.

9. 교회의 영성(9): 일상의 영성

기독교 영성은 하나님을 예배하는 영성이다. 예배는 전 존재로, 전 삶의 영역에서 이루어져야 한다. 즉 참된 영성은 '일상의 영성'이다. 예수님의 제자로 살아가는 삶은 기도원이나 골방에서의 문제만은 아니며, 또 주일 같은 특정한 시간대에만 한하는 문제가 아니다. 우리 삶의 대부분을 차지하는 일상에서 이루어진다. 가정에서 가족들과 함께 생활하는 것, 일터에서 일하는 것, 개인적으로 취미나 여가를 누리는 영역까지, 삶의 전 영역에서 우리가 하는 모든 일과 우리가 맺는 모든 관계에서 하나님을 인정하고 그분을 드러내고 그분의 영광을 구한다면, 그것이 예배가 될 것이다. 영성을 종교적 영역으로 국한시킬 때 바리새인 영성으로 흐를 수 있다. 참된 영성은 외형적 구분을 통해서가 아니라 내면적 성결을 통해서 이루어진다. 무엇을 하든지 "주께 하듯" 할 때 그 일이 예배가 된다는 뜻이다.

우리는 모두 영에 속한 사람들, 즉 성령에 이끌려 사는 자녀들이 되기를 바란다. 그런데 무엇이 '영적'인지를 잘 모르면 도리어 육적인 사람이 될 수도 있다. 이것이 그리스도인들이 흔히 빠지는 이분법적 사고의 오류이다. 영적인 것과 종교적인 것을 혼동하여 종교적인 행위를 더 영적이고 거룩한 일이라고 생각하는 것이다. 하지만 성경(롬 12:1-2; 고전 10:31; 골 3:23)은 일상의 영성을 잘 보여준다. 우리가 '주 안에서' 몸으로 하는 모든 일이 하나님이 기뻐 받으시는 제사가 되고 우리가 산 제물이 되는 길이라고 말해준다. 우리는 먹든지 마시든지 무엇을 하든지 다 하나님의 영광을 위해서 해야 하고, 무슨 일을 하든지 주께 하듯 해야 한다. 이것이 일상의 영성이다. 일상의 영성의 대표적인 인물하면 떠오르는 사람이 성막을 만드는 데 참여한 브살렐이다. 교회 역사에서는 감리교의 창시자인 존 웨슬리와 찰스 웨슬리 형제의 어머니 수산나이다. 브살렐은 성령이 주신 지혜와 기술로 성막에 필요한 물건들을 만들었고, 수산나는 19명의 자녀를 하나같이 훌륭하게 키워낸 사람이다. 자기 삶의 영역을 예배로 승화시킨, 성령 충만한 사람들이었다.

10. 교회의 영성(10): 안식의 영성

마지막으로 기독교 영성의 특성을 하나 더 소개하려고 한다. 그
것은 안식의 영성이다. 참된 영성은 그 중심에 안식이 있다.

기독교 영성은 그냥 인간의 영의 활동이나 영적 성향이 아니
라 하나님과의 관계에서 규정된다. 영이신 하나님에 대한 우리
의 반응이 영성이라면, 그 반응은 어떤 모습을 하고 있어야 하
겠는가? 앞에서 말씀과 기도를 하나님과의 관계의 틀로 보고,
그 틀 안에 담긴 내용으로서의 믿음과 예배를 살펴보았다. 그
예배는 일상의 모든 영역에서 이루어져야 한다고도 했다. 안식
도 이와 비슷한 맥락에서 말할 수 있다. 그리스도인은 하나님과
이중적 관계를 맺고 있다. 인간은 하나님의 피조물이면서 동시
에 구속받은 자녀이다. 이 두 관계는 모두 인간의 하나님을 향
한 신뢰와 의지를 요청한다. 그러한 신뢰와 의지의 태도는 우
리를 안식으로 이끌어준다. 하나님을 신뢰하고 의지하는 자에
게만 안식이 있다. 하나님이 무한한 선과 사랑이시라면, 그분의
피조물이요 그분의 자녀인 우리는 그 하나님 안에 있을 때 비
로소 쉼을 누릴 수 있다. 그분처럼 선하고 그분처럼 사랑할 때,

그분이 주시는 안식과 평화를 누리는 것이다. 안식은 자기 스스로 자기 인생을 책임질 수 없다는 겸손한 고백과 모든 자원의 원천이 되시는 하나님께 대한 믿음의 결과이다. 안식은 피조물이요 하나님의 자녀인 인간의 존재 방식이 되어야 한다.

우리가 안식하지 못하고 있다면 그것은 우리 영성의 적신호로 여겨야 한다. 안식 없는 삶은 요동함(restlessness)이나 포박(drivenness)의 상태이다. 하나님을 떠난 현대인의 삶을 잘 묘사하는 단어가 아닌가? 우리에게 안식이 없는 이유는 무엇인가? 쫓기며 사는 이유가 무엇인가? 그것은 내가 하나님 외에 다른 무언가를 추구하기 때문이다. 참으로 영적인 사람은 언제나 늘 중심에 하나님으로 인한 고요와 안식이 있다. 영적 체험이 많고 거창한 영적인 목표가 있어도 안식이 없으면, 하나님과 바른 관계, 즉 바른 영성을 갖고 있지 못한 상태라는 것을 알아야 한다. 안식은 겸손한 믿음의 열매다.

교회의 정체성

11. 교회, 질그릇 공동체

신문에 난 우리 교회 소개를 보고 어떤 분이 전화를 걸어왔다. 우리 교회의 위치나 예배 시간을 물어볼 것이라고 생각했는데 아니었다. 우리 교회 이름이 왜 "질그릇교회"냐고 물으셨다. 처음엔 왜 이런 질문을 하는지 잘 몰라서 고린도후서 4:7에서 따온 이름이라고 그 유래를 설명해주었다. 그런데 그 성도는 그건 아는데 그래도 교회 이름으로는 좋지 않으니 바꿔야 하지 않겠느냐고 말했다. 자신도 예전엔 연약한 질그릇이었지만 이제는 하나님의 은혜를 체험하고 나서는 더는 값싸고 깨어지기 쉬운 질그릇이 아니라고 하면서 교회는 질그릇에서 벗어난 사람들의 모임이니 이름으로 적절하지 않다고 한 수 가르쳐주는 것이었다. 다른 교회 성도가 느닷없이 교회 이름을 바꾸라고 제안하니 당황스러웠다. 진심으로 걱정하여 전화까지 해주었으니 고마운 일이었다. 하지만 당시에 누군가와 만나고 있어서 긴 통화를 할 수 없다고 밝혔는데도 한사코 자기 주장을 관철하려고 하자 그 무례함에 적잖이 불편하고 불쾌하였다. 그런데 좀 지나고 나서 돌아보니 단지 그 무례한 태도 때문에만 불쾌한 것이 아니었을 수 있겠다는 생각이 들었다. 어쩌면 그 성도가 갖고 있는 신학, 즉 한국 교계에 만연한 영광의 신학 때문에 맘이 힘들었다는 것도 알게 되었다.

영광의 신학이 무엇인가? 중세 가톨릭은 교권으로 교회만이 아니라 세상까지 지배하며 온갖 권력과 부와 세속적인 영광을 추구했다. 지금은 그 정도까지 교회가 기득권을 추구하지는 않지만, 여전히 교회와 그리스도인들은 세상에서의 성공과 승리를 통해 자기 믿음을 증명하려고 안달하고 있다. 이렇듯 장차 올 부활의 권능과 새 하늘과 새 땅이 주는 영광을 오늘 이곳에서 온전히 누려야 하고 누릴 수 있다고 주장하는 것을 영광의 신학이라고 부른다. 반면에 루터는 하나님의 영광은 십자가 안에 감춰져 있다는 복음의 역설을 설파하였다. 세상의 눈에는 연약하고 미련하게 보이는 십자가, 실패요 패배로 보이는 그 십자가가 하나님의 지혜요 권능이요 승리라는 것이다. 왜 그런가? 하나님의 능력은 우리의 약함 가운데서 드러나기 때문이다. 내가 내 힘으로 강해지고 승리하는 것이 아니라, 연약한 내 안에 거하시는 주님이 내 힘이 되시고 승리가 되시는 것이다. 이것이 십자가의 신학이요 질그릇의 영성이다. 하나님은 우리가 스스로 겸비할 때 우리를 쓰신다. 재능과 지식과 건강, 재물과 지위는 우리가 추구해야 할 목표가 아니라 하나님의 뜻을 이루기 위한 수단에 불과하다. 그것들에 집착하지 말고 그리스도께서 우리의 힘이요 생명임을 고백하는 교회가 질그릇 교회이다.

질그릇, 그것은 우리 교회의 이름이 아니라 본질이다. 모든 교회가 질그릇 교회가 될 때 영광의 교회, 승리의 교회가 될 수 있지만, 반대로 승리와 영광을 추구하면 그리스도의 생명이 없는 죽은 교회, 즉 일개 단체나 집단으로 전락하고 말 것이다. 우리 기꺼이 질그릇의 길을 감으로써 보배이신 그리스도의 생명을 드러내는 교회가 되자.

12. 교회, 제자 공동체

신약 성경에서 그리스도를 믿는 자들을 일컫는 말 중 가장 많이 등장하는 단어가 "신자"(believer, 믿는 자)이다. 그 밖에 형제 (brethren, 남녀를 다 일컬음), 성도(saint, 하나님께 구별된 거룩한 백성), 그리스도인(Christian, 그리스도께 속한 사람. 제자들이 안디옥에서 최초로 그리스도인이라 불렸음[행 11:26]), 지체(member, 그리스도의 몸 된 교회의 일원), 그리고 제자(disciple, 그리스도에게 배우고 그를 따르는 자) 등이 있다. 이 가운데 나는 특별히 "제자"라는 말을 즐겨 사용한다. 굳이 제자라는 말만 써야 한다거나 제자가 다른 표현들보다 더 적합하다는 뜻은 아니다. 다만 우리 교회에서 그리스도인을 "제자"로 많이 부르는 이유가 있다.

우리 신앙의 중심에는 그리스도가 계신다. 물론 우리는 성삼위 하나님, 즉 성부, 성자, 성령을 믿는다. 그러나 이러한 삼위일체적 신앙이 실제 우리에게 표현될 때는 그리스도 중심적이 된다는 말이다. 어떤 사람들은 단지 하나님을 믿는다고 하는데, 그럼 유대교와 다를 수가 없다. 어떤 사람들은 성령을 유독 강조하여 그리스도보다는 성령의 은사와 표적에 더 관심을 보인

다. 하지만 그리스도 없는 성령이 어떻게 가능하겠는가? 우리
는 물론 하나님을 믿는다. 그러나 우리는 그리스도를 통해 하나
님을 믿는 것이다. 우리가 믿는 하나님은 그리스도께서 보여주
시고 가르쳐주신 하나님이시다. 우리가 믿는 성령은 그리스도
를 드러내고 그분의 사역을 적용하는 성령님이시다. 성령님은
자신에게 주의를 끌기보다는 그리스도를 가르치고 가리키신
다. 따라서 성령으로 충만한 사람은 끊임없이 그리스도를 생각
하고 그리스도를 바라본다. 그리스도를 외면한 채 성령만을 강
조하면, 스펄전의 말대로 성령을 적그리스도로 만드는 잘못을
범하게 된다. 우리는 성령께서 우리에게 역사하신 결과로 그리
스도를 보게 되며, 그리스도를 봄으로써 하나님이 어떤 분이신
지 더 잘 알게 된다. 이렇듯 우리는 그리스도 중심적인 신앙생
활을 해야 한다.

　그리스도의 "제자"라는 용어는 다른 표현들보다 그리스도
와의 인격적 관계를 더 잘 드러내준다. 그리스도는 우리의 구
세주(Savior)요 주님(Lord)이실 뿐 아니라 우리의 스승이시다(요
13:13). 우리는 그분을 믿을 뿐 아니라 그분에게서 배워야 한다.
그리스도로부터 배우고 그분을 따르고 그분을 닮는 것, 즉 그리
스도의 제자의 길을 가는 것이 신약의 의미에서의 신앙생활이
다. 우리가 "제자"라는 말을 많이 쓰는 것은 이 사실을 강조하
기 위함이다. 교회는 어떤 곳인가? 그리스도의 제자 공동체이
다. 그리스도를 따르고 배우고 본받아 그리스도의 장성한 분량

까지 자라는 공동체요, 그리스도처럼 삶으로써 그리스도를 드
러내는 공동체다.

13. 교회, 제자도를 실현하는 공동체

많은 그리스도인들이 구약의 신앙과 신약의 신앙이 어떻게 다른지를 잘 모른다. 모두 다 천지를 지으신 유일하신 여호와 하나님을 믿는다는 점에서는 같지만, 신약의 신앙은 그 하나님을 예수 그리스도를 통해서 믿는다는 점에서 둘은 다르다. 예수님은 하나님의 아들로서 세 가지 역할을 하신다. 첫째, 선지자로서 하나님의 말씀을 전한다. 우리는 예수님이 가르쳐주신 대로 하나님을 알고 믿어야 한다. 둘째, 제사장으로서 뿐만 아니라 자신을 제물로 하나님께 드리심으로써 우리를 하나님과 화목케 하신다. 우리는 대제사장이요 제물이 되신 예수님을 통해서만 하나님께 나아갈 수 있다. 셋째, 왕으로서 하나님을 대리하여 통치하시고 심판하신다. 따라서 우리는 예수님의 주되심을 인정하고 순종해야 한다.

예수님은 단지 하나님께 나아가는 통로에 그치는 분이 아니다. 예수님과의 바른 관계가 바로 하나님과의 바른 관계가 되는 분, 즉 하나님 자신이시다. 그렇다면 예수님을 따르는 제자도는 신약의 신앙의 다른 이름이며 신앙의 본질이라고 할 수 있다. 제자도는 어떤 프로그램이나 양육과정을 가리키는 말이 아니다. 혹은 구원과는 별개이며 다만 상급과만 관련이 있는 것도 아니다. 즉 엘리트 신앙인들을 양성하는 고급과정이 아니라는 것이다. 오히려 제자도는 예수님께 배우고 따르고 본받는 모든 것을 뜻하며, 하나님의 형상이신 예수님을 본받는 것이야말로 구원의 내용이며 목표이다. 따라서 제자도를 거치지 않는 구원은 없다. 제자도는 구원에 이르는 여정이다. 본회퍼는 그의 책 "제자도의 대가"에서 제자도 없는 "값싼 은혜"를 외치는 1930년대 독일 교회들에 대해 탄식하면서 그리스도를 따르는 일, 즉 제자도에는 반드시 대가가 따른다는 점을 분명히 하고 있다. 주님은 당신을 따르려는 자들에게 자기를 부인하고 자기 십자가를 지고 따르라고 말씀하셨다. 예수님이 걸어가신 그 십자가의 길을 걷는 자들이 제자이기 때문이다. 제자도의 대가는 자기부인이요 그것은 자기 목숨을 잃는 일을 포함한다. 역설적으로 이 길이야말로 진정으로 생명을 얻는 길이다. 달라스 윌라드는 본회퍼의 표현을 뒤집어 "비제자도의 대가"라는 표현을 쓰고 있다. 제자도에만 대가가 따르는 것이 아니라, 주님을 따르지 않는 비제자도에도 대가가 따른다는 것이다. 기막힌 통찰이다. 더욱이 그 비제자도의 대가는 제자도의 대가보다 훨씬 크다고 한다. 당연하지 않겠는가. 제자도가 가져다주는 영원한 복락, 자기중심성으로부터의 해방, 온전한 사랑을 가능케 해 주는 자유와 능력, 진정한 거룩함, 그리고 하나님의 임재로 말미암은 참된 평화와 기쁨을 상상해보라. 그것이 어찌 육신의 정욕, 안목의 정욕, 이생의 자랑에 얽매여 자기집착의 어둠 속에서 사는 비제자도의 삶과 비교할 수 있겠는가? 제자도의 대가는 계산할 수 없을 만큼 수지 맞는 대가이다. 교회는 어떤 곳인가? 바로 함께 그 제자도를 실천하도록 격려하고 힘을 북돋아주는 공동체이다. 공동체 없이 제자도도 없고, 공동체 없이 구원도 없는 이유가 그것이다.

14. 교회, '함께' 그리스도를 따르는 제자 공동체

"제자의 길을 함께 갑시다!" 이것이 모든 교회의 모토가 되어야 한다. 제자훈련을 강조하는 선교단체 경험이 없는 분들에게는 낯설 수 있다. 그냥 "신앙생활 잘하자!"라고 해도 좋을 것 같은데 굳이 "제자의 길"을 가자고 하는가?

기독교의 첫 이름은 "도"(道, 길, the Way)였다(행 9:2). 예수를 믿는 신앙을 "도"라고 불렀는데, 이는 주님 자신이 아버지께로 가는 길이라고 말씀하신 데서 유래한다. 그런데 기독교를 "길"이라고 불렀다는 점에서 기독교 신앙은 단지 예수님에 대한 진리를 지적으로 이해하는 것에 그치지 않고, 그분을 인격적으로 따르는 행동과 삶을 포함하고 있다고 말할 수 있을 것이다. 예수님을 믿는 것은 그분을 따르는 것이며, 그분의 뒤를 좇는 길이다. 예수님을 믿는 자들은 처음엔 제자로 불렸고, 후에 안디옥 교회에서부터 그리스도인으로 불리기 시작한다(행 11:26). 그리스도인(Christian)은 그리스도에게 속한 자란 뜻으로 매우 좋은 말이지만, 요즘엔 그리스도에게 속한 인격적 관계를 나타내는 표현이기보다는 기독교라는 종교에 속한 자들을 가리키는 말로 쓰이고 있는 것이 사실이다. 그런데 우리는 성도의 삶을 "제자의 길을 걷는 것"이라고 표현함으로써 우리는 단지 예수님을 지적으로 알고 입술로 고백하는 데 그치지 않고, 스승 예수님과 인격적인 관계 속에서 도(道)이신 예수님을 따라 구체적으로 순종하는 동(動)적인 신앙을 강조하고 싶은 것이다. 예수님을 믿는 것, 예수 신앙은 그분의 제자로 사는 신앙이다. 그분에게서 배우고 그분의 뒤를 좇는 삶이다. 그것은 예수님을 단지 구원자로 모시는 삶에 그치지 않고 우리의 "주와 선생"으로 모시는 삶이다(요 13:13). 그것은 예수님을 하나님 아버지께로 우리를 이끄시는 진리의 길, 생명의 길이 되심을 믿는 일이다(요 14:6). 제자의 길을 함께 걷지 않는 교회는 그리스도의 교회가 아니다.

그리스도를 따르는 제자의 길은 어떻게 가야 하는가? 이것이 모든 교회가 던지는 질문이어야 한다. 이것이 교회의 존재 방식이고 목표이기 때문이다. 고민하지 않고 시키는 대로 하는 것은 제자의 삶이 아니다. 제자들은 그리스도를 배워야 한다. 성경을 통해서 그분을 만나고 그분의 세계관을 형성해야 한다. 아무리 열정적으로 주님을 섬긴다고 해도 그분을 오해한다면, 심판의 날 주님은 우리에게 "나는 너를 도무지 모른다"라고 하실 것이다. 산상수훈 말미에 주님은 그 심판의 날에 주님의 이름으로 온갖 기적을 행했다고 말하는 이들을 향해 "내가 너희를 도무지 알지 못하니 불법을 행하는 자들아 내게서 떠나가라"는 책망을 듣는 자들을 소개하신다. 양과 염소를 나누는 심판 때

염소 측에 속한 사람들도 자신들이 주님을 무시하고 배척한 사실을 꿈에도 깨닫지 못했다가 그 날 알게 되어 당황하게 될 것이라고도 말씀하셨다. 따라서 오늘 우리는 스스로를 돌아보아야 한다. 내가 누구를 따르고 있고 추구하고 있는지 말이다. 내가 추구하는 그 그리스도는 성경으로 계시된 바로 그 그리스도이신지를 교회는 함께 살피고 공부해야 한다. 바울도 "너희가 믿음에 있는가 너희 자신을 시험하고 너희 자신을 확증하라"고 경고하셨다(고후 13:5).

제자의 길은 공동체가 함께 가야 한다. 신앙에서 교회는 선택이 아니라 본질에 속한다. 그리스도의 제자가 되는 것은 그분의 몸의 지체가 되는 것이며, 그분의 몸에 속한 다른 지체들과도 한 몸의 관계가 되는 것이다. 그리스도와의 생명의 관계는 다른 지체들과의 생명의 관계를 포함한다. 그리스도의 제자로서 우리가 따라야 할 가장 중요한 주님의 명령이 있다면, 그것은 서로 사랑하라는 계명이다. 우리는 서로 돌아보면서 사랑과 선행을 격려해야 하고, 성령과의 교제를 통해 한 몸으로서의 삶을 살아야 한다. "함께"와 "서로"가 없는 신앙생활은 껍데기에 불과하다. 교회는 제자로 살기 위해서 모인 공동체이고, 함께 그 길을 같이 가려고 모인 공동체이다. 주님을 따름이 없이 "함께"만 있어도 안 되고, 주님을 따름만 있고 "함께"가 없으면 교회가 아니다. 주님을 제대로 알고 제대로 따르기 원한다면 우리는 정성을 다해 누군가의 동지요 지체가 되어야 한다.

15. 교회, 함께 자녀를 양육하는 공동체

나는 자녀교육에 대해서 이론적으로나 경험적으로 권위 있게
말할 수 있는 사람은 아니다. 다만 성경적으로 자녀들에게 다음
의 세 가지를 꼭 가르쳐야 한다고 생각한다.

첫째, 순종을 가르쳐야 한다. 요즘에는 자녀교육을 논할 때
자녀들이 원하는 대로 하게 해야 한다는 것을 주로 강조하고
있으며, 그 결과 아이들이 자기 권리를 주장하는 일은 잘하지만
자신의 의무를 받아들일 준비는 되어 있지 않은 듯하다. 아이들
이 부모나 합당한 권위를 가진 이들에게 순종하는 것은 마땅하
고 당연하다. 우리 아이들이 그런 선한 권위에 복종하는 것을
가르치는 것이 자녀교육에서 매우 중요하다. 그것이 곧 눈에 보
이지 않는 하나님을 향한 순종으로 이어지기 때문이다. 어릴 때
의 습관이 어른이 되었을 때도 이어진다. 둘째, 협력을 가르쳐
야 한다. 아이들은 각자 자기가 하고 싶은 대로만 하려고 하다
가 서로 다투기도 한다. 아이들에게 양보하고 타인을 존중하고
배려하는 마음을 잘 가르쳐야 한다. 자기중심적인 태도가 옳지
않다는 것을 잘 새겨주고 늘 함께 협력하는 아이로 키워야 한

다. 셋째, 절제를 가르쳐야 한다. 먹고 자고 일하고 공부하고 노는 모든 일에서, 우리 자녀들은 자신이 원하는 대로, 자기가 원하는 만큼 기어이 하려고 하는 아이로 자라게 해서는 안 된다. 상황과 사람을 고려하여 절제할 수 있는 내적 자제력이 형성되도록 도와야 한다. 그것은 단지 눈치를 살피는 아이가 되는 것과는 다르다. 성인이 될수록 점점 주변을 배려하고 고려하는 아이가 되도록 키운다는 뜻이다. 순종, 협력, 절제는 우리의 자아와 관련이 있다. 우리는 부모라는 권위로 표현된 하나님과의 관계에서, 친구들로 표현된 인간관계에서, 그리고 자신과의 관계에서 아이들이 자기중심적으로 행하지 않고 주변을 배려하면서 바른 길을 선택할 수 있도록 가르쳐야 한다. 아이들에게 이런 태도를 심어주려면 무엇보다 부모가 본을 보여야 하고, 풍성한 사랑을 베풀며 인내해야 한다. 아이들은 자신들이 온전히 환영받고 수용되고 있다는 확신 속에서 자신을 부인하고 절제할 수 있는 힘이 길러지기 때문이다. 또한 교회의 자녀는 교회가 함께 양육해야 한다. 가정은 교회처럼, 교회는 가정처럼 만들어야 한다. 아이들은 좋은 정보를 통해서 커가는 것이 아니라, 좋은 공동체, 좋은 생태계와 문화 속에서 자라야 한다. 교회는 모두 다른 아이들을 내 아이로 여기면서 함께 키워야 한다. 그래야 세상에서 두각을 나타내는 아이들이 아니라 세상에서 그리스도를 드러내는 아이들로 자랄 수 있다. 교회는 다음 세대를 품고 양육하는 공동체이다.

16. 교회, 성령의 불로 연단된 거룩한 공동체

그리스도를 따르는 제자의 길을 어떻게 나도 가고 공동체가 함께 갈 수 있을까? 고민 끝에 한 가지 방법을 정리해보았다. "앎-삶-닮"의 공식과 제자도의 핵심요소로서의 "순도, 광도, 온도"이다.

제자라는 말의 가장 기본적인 뜻은 '배우는 자'인데, 그리스도의 제자로서 우리는 단지 주님으로부터 배우는 것에 그쳐서는 안 되고, 배운 대로 순종하고 따라야 한다. 한 걸음 더 나아가 주님을 온전히 닮아야 한다. 그리스도를 알고, 살고, 닮아야 한다. 그것을 "앎-삶-닮의 공식"이라고 불러본다.

한편 제자의 길의 세 가지 핵심요소가 있다. 동기의 순수성과 진리의 깨달음, 헌신의 열정이다. 그것을 각각 순도, 광도, 온도로 불러본다. 앎-삶-닮의 공식과 순도, 광도, 온도는 서로 연결된다. 앎과 광도, 삶과 온도, 닮(음)과 순도는 서로 통한다. 제자의 길에는 세 측면, 혹은 세 단계 혹은 세 요소가 있다. 정리하면 각각 앎(Knowing), 삶(Doing), 닮(Being), 또는 광도, 온도, 순도, 또는 지식, 헌신, 깨어짐, 또는 진리, 사랑, 거룩함이라 할 수 있다.

앎(Knowing)	순도 - 지식	진리
삶(Doing)	광도 - 헌신	사랑
닮(Being)	온도 - 깨어짐	거룩

제자의 길의 이러한 다양한 측면들을 묵상하던 중 이 모든 것을 하나로 통합해서 보여주는 하나의 이미지가 떠올랐다. 그게 바로 불이다.

불은 빛과 열로 되어 있다. 빛은 광도, 지식, 진리, 앎의 측면을 나타내고, 열은 온도, 헌신, 사랑, 삶의 측면을 보여준다. 불은 또한 모든 불순물을 태워 없앰으로써 금이나 은을 순수하고 순결하게 만드는 역할도 한다. 이렇게 금속들을 순수하게 만드는 불의 기능은 제자의 길에서 순도, 깨어짐, 거룩함, 닮의 측면에 비할 수 있다. 이 불은 거룩한 불, 즉 성화(聖火)다. 성화(聖火)는 제자의 길의 또 다른 이름인 성화(聖化)의 세 요소를 모두 갖고 있다. 성경은 성령님의 역사를 종종 불에 빗대어 묘사한다. 우리의 성화를 이끌어 가시는 성령님은 우리에게 지식과 진리의 빛, 헌신과 사랑의 열, 깨어짐과 거룩함을 위한 연단을 베푸신다. 우리는 성령으로 충만할 때만 광도, 온도, 순도에 있어서 바른 제자도를 드러낼 수 있다. 지금 우리에게 필요한 것은 바로 이 성령의 불이다. 거룩한 성령의 불로 자아의 불순물을 태우고, 진리의 밝은 빛을 따라 가며, 사랑의 뜨거운 열기로 자신을 온전히 헌신하자. 성령의 거룩한 불이 내 안에 타오르게 하자.

17. 교회, 성령의 인도를 따르는 공동체

릭 워렌 목사의 저서 "목적이 이끄는 교회(새들백 교회 이야기)"와 "목적이 이끄는 삶"은 베스트셀러가 되었다. 전자는 목회자들 사이에서, 후자는 일반 성도들 사이에서 큰 관심을 끌었다. 하지만 요즘 일각에서 비판의 소리가 높아지고 있다. 정말 그리스도인들이 "목적이 이끄는 삶"을 살아야 하는지에 대한 의문이 핵심이다. 그리스도인은 목적이 이끄는 대로 사는 것이 아니라 성령의 인도를 따라 살아야 하기 때문이란다. 이런 비판은 정당한가? 그리스도인은 어떻게 살아야 하는가?

목적이 이끄는 삶과 성령의 인도를 좇는 삶은 양자택일의 대상이 아니라 병행해야 할 대상이다. 문제는 우리가 추구하는 목적이 성경적이고 성령께서 인도하시는 방향과 일치하느냐 하는 것이지, 목적과 성령이 서로 거스르는 관계는 아니다. 릭 워렌 목사가 제시하는 목적들, 즉 예배, 교제, 성숙, 사역, 선교 등은 그리스도인의 삶의 본질적인 목적들이다. 우리가 마음을 다해 추구해야 할 것들이다. 이 목적들은 성경의 가르침에서 나온 것들이다. 따라서 이 목적들을 좇아 살아야 한다는 것은 곧 말씀을 좇아 살아야 한다는 말과 다름 아니다. "목적이 이끄는 삶"의 서두에 나오는 "나에 대한 것이 아니다"라는 말은 요즘 교회 안에 깊이 침투해온 자아실현이라는 세상정신을 정면으로 반박하는 선언이다. 그리스도인의 삶은 하나님의 영광과 나라를 위한 것이지 자신의 행복과 성취에 대한 것이 아니라는 말이다. 릭 워렌 목사가 강조하는 목적들은 성경적이며, 그 목적들에 전념하자는 취지 역시 문제가 없다.

문제는 목적이 아니라 그 목적을 이루는 방법에 있다. 성경적인 목적을 내세우면서도 그 목적을 추구하고 성취해가는 과정에서 성령의 인도를 좇지 않고 인간적인 방법과 수단에 의존할 수 있다. 사실 새들백 교회가 보여주는 모습에는 그런 측면이 있다. 교인들의 훈련과 성장을 단계별로 과정화한 구조나 헌신카드 등으로 참된 변화가 일어나는 것이 아니다. 현대의 많은 교회들이 성령의 능력을 힘입기보다는 경영학적 리더십 이론과 마케팅적 방법에 의존하고 있는 것이 사실이다. 그 결과 복음의 능력과 영광이 드러나지 않고 회심하지 않은 교인들이 교회 안에 넘쳐나고 있다. 우리는 목적이 이끄는 삶을 살아야 한다. 또한 그 목적을 이루기 위해 성령의 인도를 받아야 한다.

18. 교회, 온유한 증인 공동체

한국교회에서 지도자들의 생각 없는 발언들로 종교적 갈등이 고조되는 일들이 부쩍 늘고 있다. 장로 대통령이 있던 시절 정부의 친기독교적 성향에 반발하여 불교계의 불만이 임계점에 이른 적도 있었다. 한 유명한 목사는 "불교가 들어간 나라들은 다 못 산다"고 설교한 영상이 퍼지면서 불에 기름을 부은 격이 되기도 했다. 이런 소식을 접하면서 한편으로는 염려가 되고 다른 한편으로는 화도 난다. 한국은 세계에서 유래가 드물게 종교 분쟁이 없는 나라였다. 다른 나라들은 종교간 갈등으로 전쟁에 이르지 않았는가? 유럽의 30년 전쟁이 대표적인 예다. 하지만 한국에서는 불교와 기독교 사이에, 기독교 안에서는 천주교와 개신교 사이에 거의 갈등이 없이 서로의 존재를 인정해왔다. 그런데 최근 들어 심상치 않은 조짐이 일어나고 있는 것이다. 나는 이 점이 몹시 염려된다. 종교 간의 갈등은 지역감정이나 인종갈등, 심지어 이념적 대립보다 더 위험하기 때문이다. 사람들의 정신과 심성에 자리 잡고 있는 종교의 위치가 훨씬 더 절대적이기 때문이다.

내가 화가 나는 다른 이유는 개신교의 무례함 때문이다. 전도의 열정은 높이 살만 하지만 그리스도의 정신을 따르지 않는, 비인격적이고 맹목적인 전도 방식을 보면 한 숨이 절로 나온다. 지하철 안에서 "예수천당, 불신지옥"을 큰 소리로 외쳐 사람들을 불쾌하게 한다거나, 원하지 않는 이들에게 무턱대고 전도지를 쥐어주는 일 정도는 이제 큰 문제로 보이지도 않는다. 서울시를 통째 하나님께 바치겠다고 발언하거나, 시 예산의 1%를 선교비로 쓰겠다는 발상 등은 국가와 종교의 관계를 고려하지 않는 참으로 어이 없는 발언이다. 사찰들이 다 무너지게 해 달라고 기도하는 것이나, 불교국가에 가서 불상의 머리를 쳐부수는 것, 단군상을 깨트리는 행동 등은 기독교 혹은 교회를 위하는 일이 아니라, 그 사회에서 교회와 기독교에 대해서 혐오하고 반발하게 만드는 일이 될 것이다.

이런 일을 저지르는 개신교인들의 신학과 사고방식은 어떠할까? 그 저변에 승리주의가 자리 잡고 있을 것이다. 기독교는 물리적 힘과 세력으로 정치, 경제, 사회 등 모든 영역에서 세상을 정복해야 한다는 사고방식이 지배하고 있는 것은 아닐까? 이런 전도방식처럼 참된 증거를 망치는 일은 없다. 우리가 하나님의 주권을 참으로 인정하고 복음의 능력을 참으로 믿는다면, 이런 방식으로 전도해서는 안 된다. 우리는 주님의 겸손과 온유로, 사랑과 인격적인 태도로 복음을 전해야 한다. 그리스도처럼 고난을 무릅쓰면서도 끝까지 사랑으로 소통하고, 끝까지 온유하고 겸손하게 진리를 주께서 친히 드러내시고 심령 속에 뿌리 내리게 할 때까지, 신실한 증인이 되어야 한다. "무례한 기독교", 그것은 형용모순이다. 앞뒤가 안 맞는 표현이다. 교회는 신실하고 온유하고 겸손한 증인 공동체이다.

19. 교회, 말씀을 묵상하는 공동체

요즘 말씀을 제대로 공급 받지 못하고 있다고 호소하는 그리스도인들을 자주 대한다. 교회생활을 소홀히 하는 것도 아닌데 영적으로 고갈되어 가고 내면이 허(虛)하다는 것이다. 이유가 무엇일까? 먼저 말씀을 전하는 자들에게 문제가 있을 수 있다. 하나님의 말씀을 철저히 연구하고 깊이 묵상하여 그 말씀을 바로 전하려고 하기 보다는 청중들의 구미에 맞는 말씀, 순간적인 감동과 흥미를 만들어내는 설교 때문일 수 있다. 은혜와 감동이 늘 같이 가는 것은 아니다. 같은 의미는 더욱 아니다. 간증과 예화는 감동을 주지만 영혼을 살리는 것은 하나님의 말씀이다. 감동을 주는 것이 설교의 목표라면 <내 영혼의 닭고기 수프>와 같은 책을 읽으면 될 것이다. 한 인기 있는 설교자가 성경은 설교의 목적이 아니라 수단이라고 말한 것을 읽었는데, 나는 그 설교자가 왜 본문과 거의 관계가 없이 설교하는지 알게 되었다. 설교자 자신이 "하나님의 말씀은 살았고 운동력이 있다"는 체험과 확신이 없다면, 말씀을 바로 전할 수 없는 것은 당연하다. 에스라가 "하나님의 율법책을 낭독하고 그 뜻을 해석하여 백성으로 그 낭독하는 것을 다 깨닫게" 했을 때 심령의 부흥이 있었던 것을 기억해야 한다(느 8:8).

하지만 말씀의 고갈을 설교자들의 책임으로만 돌릴 수는 없다. 우리는 소극적으로 말씀의 공급을 기다리지 말고 적극적으로 말씀을 섭취할 줄 알아야 하기 때문이다. 그러려면 먼저 스스로 말씀을 공부하고 묵상할 수 있어야 한다. 많은 성도들이 말씀을 스스로 공부하는 일에 어려움을 느끼는데, 다음의 사항들을 기억하자. 첫째, 은혜를 간절히 사모해야 한다. 하나님은 사모하는 심령을 만족케 해주신다. 둘째, 성령의 조명을 위해 기도해야 한다. 성령이 깨닫도록 도우시지 않으면 우리는 진리의 빛을 볼 수 없다. 셋째, 다른 모든 일과 마찬가지로 말씀섭취도 인내심을 갖고 꾸준히 해야 한다. 말씀의 맛을 알기까지, 말씀의 빛으로 나의 심령이 밝아질 때까지, 묵상하고 또 묵상해야 한다. 한 구절을 암송함으로써 심령이 살아나는 경우도 있다. 참으로 "양식이 없어 주림이 아니며 물이 없어 갈함이 아니요 여호와의 말씀을 듣지 못한 기갈"(암 8:11)을 경험하고 있다면, 스스로 말씀을 공부하여 은혜를 공급받을 수 있어야 한다. 말씀섭취는 영적 식사다. 매일 시간을 정해놓고 꾸준히 묵상해야 한다.

교회는 어떤 곳인가? 온 성도들이 설교자나 지도자들에게만 의존하지 않고, 직접 성경으로 나아가 성령께서 그 수준에 따라 역사하심을 믿고, 스스로 성경을 통해 하나님의 뜻을 깨닫고 하나님과 교제하고 하나님의 인도를 따라 살아가도록 도와주어야 한다. 하나님의 말씀을 묵상할 때 진리이신 그리스도께서 머리가 되시는 공동체가 될 수 있다.

20. 교회, 세상의 문화를 분별하는 공동체

야외예배에서 각 셀마다 복음성가 한 곡과 7080가요 한 곡씩
을 부르도록 당부한 일이 있었다. 그 소식을 듣고 각 셀(cell)에
서는 어떤 가요를 불러야 할지를 놓고 고민이 적지 않았다고
한다. 너무 지나치게 세속적이지 않으면서도 동시에 너무 지나
치게 진지하지도 않은 노래, 적당히 흥겹고 적당히 가벼운 노래
를 고르는 일이 생각보다 쉽지 않았던 것이다. 그런데 교회에서
유행가를 불러도 좋은가? 그런데 대중가요의 가사를 묵상하다
보면 너무 은혜(?)가 되는데, 그런 느낌은 어떻게 해석해야 하는
가? 흘러간 노래들을 이 곡 저 곡 불러보면서 그 시절의 추억과
그리움이 울컥 치밀어 오르는 것을 부인할 사람은 별로 없을
것이다. 학교에서 배운 일도 없건만 어떻게 이런 흘러간 노래
들을 많이 알고 있을까? 가요가 이민 1세대들 사이에 공감대를
형성하는 데 도움을 주었기 때문일 것이다. 흘러간 가요를 함께
부르면서 멤버들이 더 가까워지고 마음이 하나 된다면, 셀 모임
에서 복음성가와 가요를 함께 부르도록 해야 하지 않을까 하는
엉뚱한 생각이 들기도 한다.

그렇다면 그리스도인이 유행가를 불러도 좋단 말인가? 이 질문에는 Yes나 No의 흑백논리적인 답변이 불가하다. 유행가가 다양할 뿐 아니라 언제 어디서 부르는가 하는 상황변수도 다양하기 때문이다. 나는 유행가 뿐 아니라 모든 일에 있어서 주님을 모시고 함께 할 수 있는지를 생각해보라고 권하고 싶다. 그리스도인이라고 해서 기도만 하고 성경만 보는 것은 아니지 않는가? 그리스도인도 연애도 하고 우정도 키우고 부모와 자녀, 국가와 민족, 역사와 문화 등 다양한 삶의 영역과 관심사를 갖고 있지 않은가? 따라서 우리는 가요 뿐 아니라 민요, 동요, 가곡, 오페라의 아리아 등 다양한 음악을 통해 다양한 삶의 경험을 노래할 수 있다. 문제는 이들 노래의 가사 중에는 그리스도인으로서 부르기에 합당한 것들도 있지만 합당하지 않은 것들도 많다는 것이다. 따라서 분별이 필요하다. 음악의 종류도 금지와 허용으로 양분하는 획일적인 접근보다는 각 형태가 우리 정서에 미치는 영향을 고려해야 할 것이다. 한편으론 자신이 성령 충만한 삶을 유지하는 데 도움이 되고 다른 사람의 믿음을 세우는 일에 방해받지 않아야 하고, 다른 한편으론 우리의 정서와 삶의 경험을 풍성하게 해주는 일반은혜를 감사하며 누려야 할 것이다. 이 둘 사이의 긴장은 규칙이 아니라 지혜로써 해결해야 할 것이다.

교회는 세상의 문화를 분별하여 수용하거나 거부하는 자기만의 기준을 갖고 있어야 한다. 그리스도께서 기뻐하실지를 묻고, 성경의 대체적인 메시지에 어긋나지 않는지를 물어야 한다. 교회가 세상과 문화를 적극적으로 평가하고, 더 나은 세상을 위해 긍정적으로 참여해야 할 것이다.

21. 교회, 말씀에 사로잡힌 성도들의 공동체

종교개혁의 도화선을 당긴 자신의 글들에 대해 루터는 보름스 의회 청문회에서 해명을 해야 했다. 가톨릭 교회는 루터가 자신의 말과 글을 철회하기만 하면 다 용서하고 없었던 일로 해주겠다고 회유했다. 루터는 하루 동안 시간을 달라고 청한 뒤 밤새 고민한 후에 청문회장에 나섰다. 그가 고민한 것은 자신의 목숨을 구하기 위해서가 아니었다. 그는 "다른 사람들은 다 틀렸고 나만 옳다고 할 수 있을까? 지금 내가 하는 일이 과연 하나님의 뜻인가?"를 고민했다. 마침내 루터는 입을 열었다. "성경의 증거와 또는 명확한 이성에 의해서 내 잘못이 드러나지 않는 한, 나는 내가 인용한 성경에 얽매어 있고 또 내 양심은 하나님의 말씀에 사로잡혀 있습니다. 나는 아무 것도 철회할 수 없을 뿐 아니라 또 그렇게 하지도 않을 것입니다. 양심을 거슬려 행하는 것은 안전하지도 옳지도 않기 때문입니다. 나는 여기 서 있습니다. 나는 다르게는 할 수 없습니다. 하나님 나를 도우소서, 아멘." 루터는 강하고 굳센 인상을 준다. 그는 교황청의 모든 위협과 압력에도 결코 굴하지 않는 담대함과 강인한 의지를 지녔다. 하지만 그도 인간이었다. 그도 두렵고 외롭고 불안했다. 왜 편안한 삶에 대한 유혹이 없었겠는가? 그가 지나치게 과격한 길을 취하지 않고 적당한 선에서 타협할 수 있었다면, 에라스무스처럼 개혁을 외치면서도 가톨릭을 근본적으로 부정하지만 않았더라면, 총명한 학자였던 그의 앞날은 탄탄대로였을 것이다. 하지만 그렇게 할 수 없었다. 그 이유는 무엇인가? 루터의 양심이 성경에 사로잡혀 있었기 때문이다. 하나님의 말씀이 분명히 가르치는 바가 그에게는 교황청의 모든 권력과 뛰어난 변사들의 모든 논리보다 더 강력한 힘이요 거역할 수 없는 진리로 다가왔던 것이다. 종교개혁은 흔히 루터가 "오직 의인은 믿음으로 말미암아 살리라"(롬 1:17)는 말씀을 붙잡고 일으킨 것으로 해석된다. 하지만 실상은 그 말씀이 루터를 사로잡고 루터를 움직여 종교개혁을 일으킨 것이었다. 루터는 말씀에 사로잡혀서 다르게는 행동할 수 없었던 양심의 포로였을 뿐이다. 오늘 우리에게 필요한 것은 바로 이 양심의 얽매임이다. 내 양심은 무엇에 사로잡혀 있는가? 믿음이란 내가 하나님을 붙드는 것이기도 하지만, 실상은 하나님이 나를 붙드시는 것이다. 내 믿음이 강하고 뛰어나서가 아니라, 하나님이 나를 붙드시기 때문에 다르게는 할 수 없음을 고백하는 것이 믿음이다.

교회는 바로 이 말씀에 사로잡힌 사람들의 모임이다. 그 말씀을 따라 신앙양심을 지켜나가는 공동체다. 그들이 시대를 바꾸는 것이 아니라, 그들이 있어 하나님이 시대를 바꾸실 것이다.

22. 교회, 함께 기도하는 공동체

우리가 주기도문에서 흔히 간과하는 것은, 이것이 공동체의 기도라는 사실이다. 예수님은 하나님을 "하늘에 계신 우리 아버지"로 부르라고 가르치셨다. 하나님을 아버지로 부르는 자들은 많다. 하지만 하나님을 "우리 아버지"로 부르는 자들은 그렇게 많지 않다. 입으로 그렇게 부르는 자들이 적다는 말이 아니라, 실제 그 의미를 깨닫고 삶에서 그 의미를 따라 부르는 자들이 적다는 말이다. 무슨 말인가? 하나님을 우리 아버지로 부르기 위해선 먼저 "우리"가 있어야 한다. 함께 하나님을 아버지로 모시고 살아가는 믿음의 가족들, 지체들이 있어야 한다. 하나님을 개인적인 아버지로 인식하면서 그분께 나의 사랑을 고백하고, 나의 필요를 아뢰고, 그분과 나 사이에 깊은 교제를 나누는 것이 전부가 아니다. 믿음에 대한 그와 같은 개인주의적 이해와 접근은 성경적이기보다는 현대적 신앙이다. 그보다는 예수님을 통해서 하나님의 백성이 된 자들이 함께 그 믿음 안에서 하나가 되어, 하나님을 우리 아버지로 부르면서 함께 공동체의 필요를 아뢰고, 함께 하나님의 나라를 구하며 사는 것이 성경적 신앙이다.

주기도문은 무엇보다도 공동체의 기도요 교회의 기도다. 따라서 이 기도를 드리기 위해서는 함께 신앙생활하는 믿음의 공동체가 있어야 한다. 단지 교회에 적을 두고 주일예배에 참석하는 정도로는 이 기도를 함께 드릴 수 없다. 또 전 세계 모든 그리스도인들과의 연대라는 추상적 개념을 가지고 이 기도를 드릴 수도 없다. 이 기도는 그리스도를 따르는 제자들이 마음과 뜻이 하나가 되어 구체적으로 함께 살아가면서 드리는 기도다. 따라서 이 기도를 드리는 자들은 함께 하나님의 영광과 나라를 구하고, 함께 서로의 필요를 채워야 한다. 우리 중에 누군가 생활의 필요가 채워지지 않는다면, 서로 도와 그 필요를 채워주어야 한다. "오늘날 우리에게 일용할 양식을 주옵시고"라고 기도하면서 서로 돕지 않는다면 그 기도는 거짓이 된다. "우리의 죄를 사하여 주옵시고"라고 기도하기 위해선 먼저 서로를 용서해야 한다. 우리가 서로 용서하지 않으면서 우리의 죄를 사하여 달라고 기도하는 것은 어불성설이다. 주기도문은 그런 점에서 혁명적인 기도다. 이 기도는 주님을 믿고 따르는 자들만이 드릴 수 있다. 주님을 믿고 따르기 위해선 다른 지체들과 하나가 되어 함께 하나님을 우리 아버지로 부를 수 있는 믿음의 가족이 되어야 한다. 주기도문은 나의 기도가 아닌 우리의 기도다. 교회는 함께 기도하는 공동체이다.

23. 교회, 실족한 자를 회복시켜 주는 공동체

과거에 교회에 다녔지만 지금은 다니지 않는다고 말하는 사람들이 있다. 그 이유를 물으면 대부분 교회에 실망했기 때문이라고 대답한다. 그러면서 우리가 자주 듣는 비판들이 있다. 목회자의 비인격적인 모습과 비리, 일부 교인들의 전투적이고 무례한 태도, 상식적이지 않은 교회운영방식, 교인들끼리 싸우고 갈라지는 모습 등이 자주 나오는 이유들이다. 애초에 교회에 큰 관심이 없었고 그냥 잠시 다녀본 자들도 있고, 한 때는 정말 열심히 교회를 다니면서 잘 섬기고 실제로 잘 믿어보려고 애썼던 이들도 있다. 그러니까 쉽게 교회를 떠날 것이라고 예상할 수 있는 이들이 있는 반면에, 후자처럼 받은 상처로 인해 아픔을 안고 교회를 떠난 자들도 있다. 이들은 믿음에 실족한 자들이다. 실족은 믿음을 방해하는 장애물(stumbling block)에 부딪혀 넘어지는 것을 말한다. 주님의 경고를 들어보라. "누구든지 나를 믿는 이 소자 중 하나를 실족케 하면 차라리 연자 맷돌을 그 목에 달리우고 깊은 바다에 빠뜨리우는 것이 나으니라. 실족케 하는 일들이 있음을 인하여 세상에 화가 있도다. 실족케 하는 일이 없을 수는 없으나 실족케 하는 그 사람에게는 화가 있도다"(마 18:6-7).

현대 교회는 사람들을 실족케 하는 일을 너무 많이 저지르고 있다. 만일 어떤 사람이 나로 인해서 믿음을 잃어버리게 된다면, 그 영혼에 대해 어떻게 책임을 질 것인가? 교인들의 믿음을 세워주어야 할 목사가 비리를 저지름으로써 그들의 믿음을 무너뜨린다면, 어찌 목사라고 할 수 있겠는가? 그 넘어진 자는 어떻게 그리고 누가 회복시킬 수 있단 말인가? 목사는 찾아가 눈물로 사죄하고 철저하게 회개하는 모습을 보여주어야 한다. 그런데 대개는 실족한 교인들에게는 별 관심이 없고 그저 살 궁리만 하고 핑계를 찾는 데 여념이 없는 모습을 얼마나 많이 보는가? 거기에 그치면 그나마 다행일 것이다. 떠난 교인들을 비난하고, 비리 목사의 치부를 덮어주면서 계속 충성을 다짐하는 맹종자들은 또 얼마나 많은가? 그들이 사태를 악화시키는 공범들이다. 교회마다 불화를 일으키고 교회를 분열시키는 자들이 있다. 그걸 보고서 실족한 자들에 대해서는 미안함이나 공감 없이 끝까지 다른 사람들만 비난하고 탓하면서 자신들을 정당화하기에 급급한 교인들은 또 어떤가?

주변에서 이처럼 실족케 하는 일들이 너무 많이 너무 자주 벌어지고 있다. 바울은 형제를 실족시키지 않기 위해서라면 일생동안 고기를 먹지 않겠다고 말할 정도로 다른 사람의 믿음에 걸림이 되지 않기 위해 노력했다. 실족케 하는 일을 두려워하

자. 실족케 하는 자에겐 화가 있을 것이라고 하지 않았는가? 교회는 어떤 곳인가? 실족케 하는 곳이 아니라 실족한 자들을 회복시켜주는 곳이다.

24. 교회, 책과 독서의 공동체

켄트 휴즈라는 목사님이 기독교계의 여러 지도자들에게 그들에게 가장 깊이, 그리고 지속적으로 영향을 끼친 책을 다섯 권씩 추천해 달라고 부탁한 결과 가장 많이 추천된 책들은 다음과 같다.

1. 순전한 기독교(Mere Christianity, C. S. 루이스)
2. 기독교 강요(존 칼빈)
3. 주님은 나의 최고봉(My Utmost for His Highest, 오스왈드 챔버스)
4. 카라마조프의 형제들(도스토예프스키)
5. 안나 카레니나(톨스토이)

흥미로운 것은 소설이 두 권이나 추천되었다는 것과 둘 다 19세기 러시아 작가들의 작품이라는 점이다. 도스토예프스키나 톨스토이는 진정한 의미에서 기독교 작가라고 할 수 있다. 그들이 단지 기독교적 소재를 다루었기 때문이 아니라 그들의 작품 세계의 바탕이 되는 세계관이 기독교적이기 때문이다. 이는 그리스 정교회가 러시아의 오랜 역사 속에 영향을 끼쳐온 결과이다. 20세기 후반부 공산주의 시절에 노벨문학상을 수상한 알렉산드르 솔제니친 역시 기독교 작가라는 점이다. 러시아 문학 저변에 깔린 기독교의 영향을 인정하지 않을 수 없다. 문학은 기독교의 진리를 대중에게 전할 수 있는 매우 뛰어난 방편이다.

다음은 Christianity Today가 선정한 20세기 기독교에 가장 큰 영향을 끼친 100권의 책 중 처음 10권의 목록이다.

1. 순전한 기독교(Mere Christianity, C. S. 루이스)

2. 제자도의 대가(나를 따르라, 디트리히 본회퍼)

3. 교회 교의학(칼 바르트)

4. 반지의 제왕(J.R.R. 톨킨)

5. 예수의 정치학(존 요더)

6. 정통(나는 왜 그리스도인이 되었는가, G.K. 체스터턴)

7. 칠층산(토머스 머턴)

8. 영적 훈련과 성장(리처드 포스터)

9. 주님은 나의 최고봉(My Utmost for His Highest, 오스왈드 챔버스)

10. 도덕적 인간과 비도덕적 사회(라인홀드 니버)

매년 동안 교우들에게 필독서를 한 권씩 추천해 왔다. 이들은 주님을 따르는 제자의 길에서 우리가 스승으로 모실만한 분들이다. 복음의 이해와 경험에 있어서, 즉 신학과 영성에 있어서 좋은 안내자가 되어 줄 것이다. 고전에서부터 시작해서 추천하고 싶은 스승들이 너무 많지만, 이번에는 현대 저자들 중에서 열 명으로 한정했다.

1. J.W. 스토트 → 그리스도의 십자가/ 현대를 사는 그리스도인

2. C. S. 루이스 → 순전한 기독교/ 고통의 문제/ 인간의 폐지

3. J. I. 팩커 → 하나님을 아는 지식/ 성령을 아는 지식

4. D. M. 로이드 존스 → 산상수훈/ 로마서 강해/ 영적 침체/ 부흥

5. A.W. 토저 → 하나님을 추구함/ 보혜사/ 세상과 충돌하라

6. 워치만 니 → 자아의 파쇄와 영의 해방/ 좌행참(에베소서 강해)

7. 김세윤 → 구원이란 무엇인가/ 복음이란 무엇인가/ 강해서들

8. 헨리 나우엔 → 상처 입은 치유자/ 탕자의 귀향/ 마음의 길

9. 달라스 윌라드 → 마음의 혁신/ 하나님의 모략/ 영성 훈련

10A. 미우라 아야꼬 → 길은 여기에/ 이 질그릇에도/ 살며 생각하며

10B. Peter Kreeft → Heaven (영어가 편하다면 이분을 적극 추천함)

어떤 분들은 책벌레라 할 만큼 책을 많이 읽는가 하면, 일생 동안 단 몇 권의 책도 읽지 않는 이들도 있다. "책을 얼마나 많이 읽었는가"보다 더 본질적인 질문은 "나는 끊임없이 배우고자 하는가"이다. 책을 읽는 목적은 배움이기 때문이다. 물론 우리는 책을 통해서만 배우는 것은 아니다. 하지만 시간과 공간을

초월해서 훌륭한 스승을 만날 수 있는 길은 책 외에는 없다. 책을 읽는 것은 저자와 대화하는 것이다. 나보다 지식과 경험이 많은 스승들, 제자의 길을 앞서 걸어간 선배들에게 배울 마음이 없다면, 나는 과연 제자의 길을 진지하게 가려고 하는 것인지 자문해 보아야 한다. 책을 읽을 때 가장 중요한 것은 이해하는 것이다. 무슨 뜻인지 잘 모르면서 많이 읽기만 한다고 유익한 것은 아니다. 한 권의 양서를 제대로 소화하며 읽는다면 그 유익은 매우 클 것이다.

교회는 '한 책'의 공동체다. 그 책은 수많은 다른 책들을 만들어냈다. 교회는 책의 공동체요 독서의 공동체다. 교회는 성도들이 성경 이외에도 다양한 책들을 통해 인간과 하나님과 세상에 대해 폭넓게 이해하도록 도와야 한다. 그것이 결국 사람의 이야기인 성경도 더 풍성하게 이해하는 길이기 때문이다.

성도다운 교회다운

지은이_ 김현회
판권_ ©겨자씨서원

초판발행_ 2018년 6월 25일
발행인_ 위남량
편집_ 박대영
디자인_ 김성애
관리_ 김선웅

펴낸곳_ 겨자씨서원
출판등록_ 제838-99-00603호(2018. 6. 25)
주소_ 경기도 구리시 장자대로 37번길 70, 104동 204호
전화_ 010-7657-7176
이메일_ mspkorea1@gmail.com

값 10,000원
ISBN 979-11-964148-0-1